講談社文庫

大江戸生活体験事情

石川英輔｜田中優子

JN285653

講談社

目次

大江戸生活体験事情

知識はエネルギー

石川　英輔
田中　優子

ほんの三〇年ほど前までは、かまどに薪《まき》などを燃やしてご飯を炊くのは珍しいことではなかった。

いつでもおいしいご飯を炊くためには、かなりの経験と知識が必要だったが、ご飯を炊くこと自体のためには、非常にわずかなエネルギーしかいらなかった。慣れた人なら、立派な薪を買ってこなくても、そのへんにある燃えるもの、拾ってきた小枝などを燃料としてもご飯が炊けた。かなりの手間がかかり、知識と経験が必要だが、その代わり、実質的なエネルギー消費はほとんどゼロで、立派にご飯ができたのである。

今では、便利な自動電気炊飯器、いわゆる電気がまが普及したので、ご飯炊きの技術がまったくなくても炊けるようになった。洗った米と水を入れてスイッチを押すだけで、機械が自動的においしいご飯を炊きあげてくれる。米と水をかまに入れるところまでは、かまど方式でも電気がま方式でも同じだが、かまど方式では、米や水の量、その時の水温、燃料の

自動電気炊飯器(電気がま)の制御用プリント基板
スイッチを押すだけで自動的にご飯の炊ける電気がまの内部には、複雑なコンピューター回路があって、人間の経験的な判断の代わりをしている。

性質などによってかなりむずかしい火加減をしなくてはならないのに、電気がま方式では、人間は何もしなくていい。

もし昔の人が電気がまでのご飯炊きを見れば、魔法を使っているのかと思って驚くだろうが、電気がまはもちろん魔法ではない。表面だけを見れば、人間がただスイッチを押すだけでご飯が炊けるが、実際は、見えない部分の方が重要であり、大きなエネルギーを必要とする複雑なシステムが隠れているのだ。

電気がまでは、加熱のために必要な薪などの熱源の代わりには電気ヒーターを使い、人間が行っていた火加減はセンサーとコンピューターが行っているが、現在の電気がまは、電圧の安定した良質の電気が、いつでも利用できる状態になっていないと役に立たない。いつ停電するかわからない社会では、しょっちゅう生煮《なまに》えご飯ができて使い

大原の柴売り
近郊から町へ、雑木の枝おろしをした細かい枝などを燃料として売りに来た。これでも充分に燃料として使えた。『百人女郎品定』より

物にならないし、ときどき電圧が八〇ボルトまで下がるようでもまともなご飯は炊けない。

常識で考えればわかることだが、電気がまにスイッチを入れてはじめて発電所が運転し始めるのではない。電気がまの便利さは、コンセントの向こうにある巨大な電力網、燃料の補給から発電、配電までを含むすべてが安定した状態ではたらき続けていて、はじめて生きるのである。電気がまでおいしいご飯を炊くためには、電気ヒーターを加熱するために直接使う電力よりはるかに大きな潜在的エネルギーが必要なのだ。

ほとんど何の知識がなくても立派にご飯が炊ける電気がまは、このように膨大なエネルギーの裏づけなしには働いてくれないが、かまど式なら、前に書いたように非常にわずかなエネルギー、やりようによってはほとんどエネルギー消費ゼロでおいしいご飯がちゃんと炊ける。

エネルギーゼロなどということはあり得ないと思う人もいるかもしれないが、放っておけば森で自然に朽ち果てる枯れ枝を拾ってきて燃料にすれば、実質的なエネルギー消費はゼロである。石川は第二次大戦中から戦後にかけてそういう生活を経験したので、江戸時代の日本人がリサイクルできる燃料だけで暮らしていた感覚が実感としてよくわかる。

つまり、電気がまを使うのには知識も経験も必要ない代わりに、良質で豊富な電気エネルギーが絶対に必要だが、かまどでご飯をちゃんと炊くためには、ほとんどエネルギー消費を必要としない代わり、飯炊きのためのかなり複雑な技術が必要となる。

江戸時代の台所
かまどでは、あり合わせの燃料をもやして炊事をした。
『絵本江戸紫』より

炊飯《すいはん》技術のために必要な知識と手間の量を、かまど方式と電気がま方式で比較すれば、かまど方式の方が一〇〇倍かそれ以上になる。ところが、消費するエネルギーを計算すれば、電気がまに必要なエネルギーは、こちらもかまど方式の一〇〇倍かそれ以上に達する。

こう考えると、かつての炊飯は、ご飯を炊く技術の知識と経験によって、少ないエネルギーで同じ効果を得ていたことは明らかだ。できたご飯の質がどちらも同じなら、一〇〇分の一以下のエネルギー消費で同じ生活水準を維持できたことになる。

それでは、ご飯炊き以外の場合でも、知識がエネルギーの代わりになるのだろうか。

生活知識はエネルギーを補うか

江戸時代の日本は、エネルギーの消費量で現代と比較するなら、かなり不思議な時代だった。先祖たちは、子孫のわれわれの一〇〇分の一かそれ以下ぐらいのわずかなエネルギーしか使っていないのに、ご飯の例でもわかるように、総合的な生活水準が今の一〇〇分の一以下だったとはとても思えないからだ。

これは、私たちの主観的判断だけではない。イギリス近世史の専門家でもあるアメリカの日本学者、スーザン・ハンレー（ワシントン大学教授）は、江戸時代の日本と同時代のイギリスの生活水準をこまごまと比べた結果、「一八五〇年の時点で住む場所を選ばなくてはな

櫓時計
複雑な不定時法を使いこなすことで、どの程度エネルギーを節約できただろうか。
『機巧図彙』より

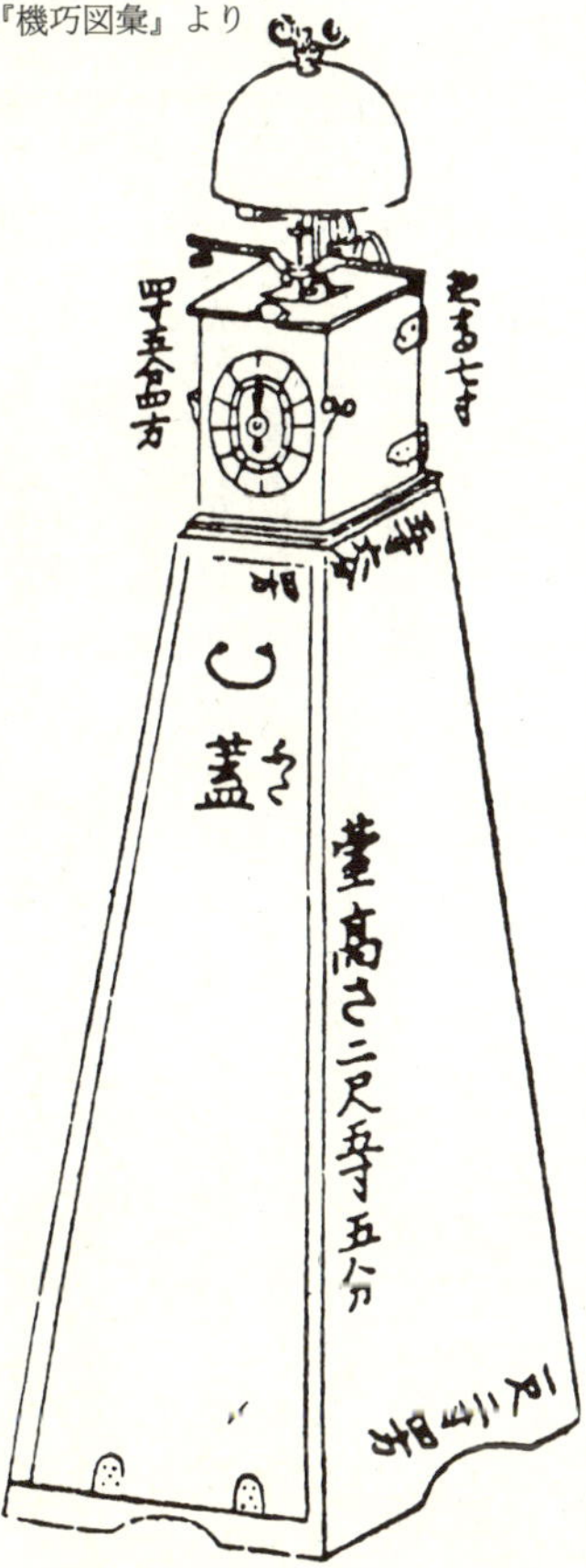

らないなら、私が裕福であればイギリスに、労働者階級であれば日本に住みたいと思う」と結論を下している。（『江戸時代の遺産』　指昭博訳　中公叢書）

心の祖国であるヨーロッパやアメリカに比べて、江戸時代の日本がはるかにおくれた不幸な国だったと信じたい方には不満な意見かもしれない。だが、同じ時代のイギリスと日本、両方の庶民生活をくわしく研究しているアメリカ人の専門家がこう感じるほどだから、よその国の生活事情など知らない先祖たちが、江戸時代の社会にそれほど不満を感じていなかったと考えても、あまり見当違いではなさそうだ。

しかし、人口の大部分をしめる中下層庶民が、ごくわずかなエネルギー消費で、当時としては世界の工業国の最先端を進んでいたイギリスの労働者階級に負けない生活水準を維持していたというのは、ちょっと意外である。

なぜそんなことができたのか、石川は、江戸時代の生活のさまざまな面について調べながら考えてきたが、ついに一つの答えにたどりついた。

それが、先に、ご飯炊きの例にあげた、「生活のための高度な知識によって、少ないエネルギー消費の補いがついていた」という仮説である。もしこの仮説が、ご飯炊き以外の一般的な生活技術にまで拡張できるとすれば、高度の江戸文化が、非常にわずかなエネルギー消費だけで成り立っていた理由が明らかになる。

とはいうものの、知識がエネルギーの代わりをしていたといいきるためには、江戸時代の生活のもっと広い範囲にわたって、先祖たちが豊富な生活知識にもとづいた手間をかけることでエネルギー不足を補っていた証拠を探さなくてはならない。

そのためには、古い資料を調べて結論を引き出すのがもっとも簡単であるし、これまでにも、さまざまな資料によって江戸時代の生活についての著作を行ってきた私たちにとっては、それがもっともやさしい方法である。しかし、本当にそういう紙の上の知識だけで正しい結論を導くことができるのか、最近では次第に疑問に思うようになった。

体験江戸学

今の子供は、知識ばかりあって実際の経験がない、という人が多い。いろいろなことを知っているようにみえるが、その知識は本やパソコンの画面に限られていて、実物については驚くほど何も知らない、というのだ。

しかし、よく考えてみると、江戸時代の専門家であるはずの私たちも、当時の生活知識については、今の子供たちを偉そうに批判できそうにないのだ。文献や絵を見て知った、いわば紙の上の知識はあるものの、実際に江戸時代のような方法で暮らした体験がないからである。

そこで思いついたのが、まず、江戸時代の生活様式を現代の日常生活にとり入れて、江戸時代さながらとはいかなくても、実際に先祖たちの生活の匂いでもかいでみようということだった。そのためには、文字で書いた資料を読むだけではなく、実際に江戸時代の生活で使っていたのと同じような道具を使って暮らしてみる必要がある。

最近では、実験考古学という分野があって、専門家が古代の出土品を複製して実際に使い、古代人の生活感覚を直接体験しているが、同じようなことを江戸時代について試みようというわけである。実験という言葉が大げさなら、〈体験江戸学〉といってもいい。

本書の元になった連載を書くための準備期間は二年あったが、その間に、石川は、江戸の生活を追体験するのに必要な小道具類、いわば江戸アイテムを少しずつ作ったり準備したりした。一つ一つについては、それぞれの章でくわしく説明するが、ここでは、一つの例として、本書の最初に登場する風変わりな時計について簡単に触れることにする。

江戸時代に使っていた不定時法という独特の時刻制度については、かなり豊富な資料があるため、通りいっぺんの知識を得るのはそれほどむずかしくないが、本を読んだだけでは、実際の不定時法の時間感覚を知ることはできない。

ごく初歩的な、明六《あけむ》ツ、暮六《くれむ》ツという時刻にしても、実際にどれぐらいの明るさの頃をいうのか、紙の上の知識からだけでは見当のつけようもないからだ。専門書を読んでも、著者自身が不定時法で生活した経験などなく、ほとんど紙の上の知識だけで書いているから、読者にわかるのは数値の計算法などの抽象的な知識だけだ。季節によって夜間と昼間の時刻が大きく変化する不定時法独特の便利さや面白さ、不便さなどを実感として理解するのはとうてい無理である。

そこで、石川は実際に不定時法の時計を作り、家にいる間はそれを見ながら暮らしてみることにした。そのいきさつについては、本文の中でご紹介するが、何度か失敗してからようやく正確な時計ができるようになったため、同じ時計を二個作って田中に送り、二人で共通の体験ができるようにした。

衣屋（ころもや・仕立屋のこと）
着物は、まったく布の無駄なしに仕立てられたし､仕立て直しも容易である。伝統的な仕立て技術で、貴重な布を何倍にも使うことができたのだ。
『百人女郎品定』より

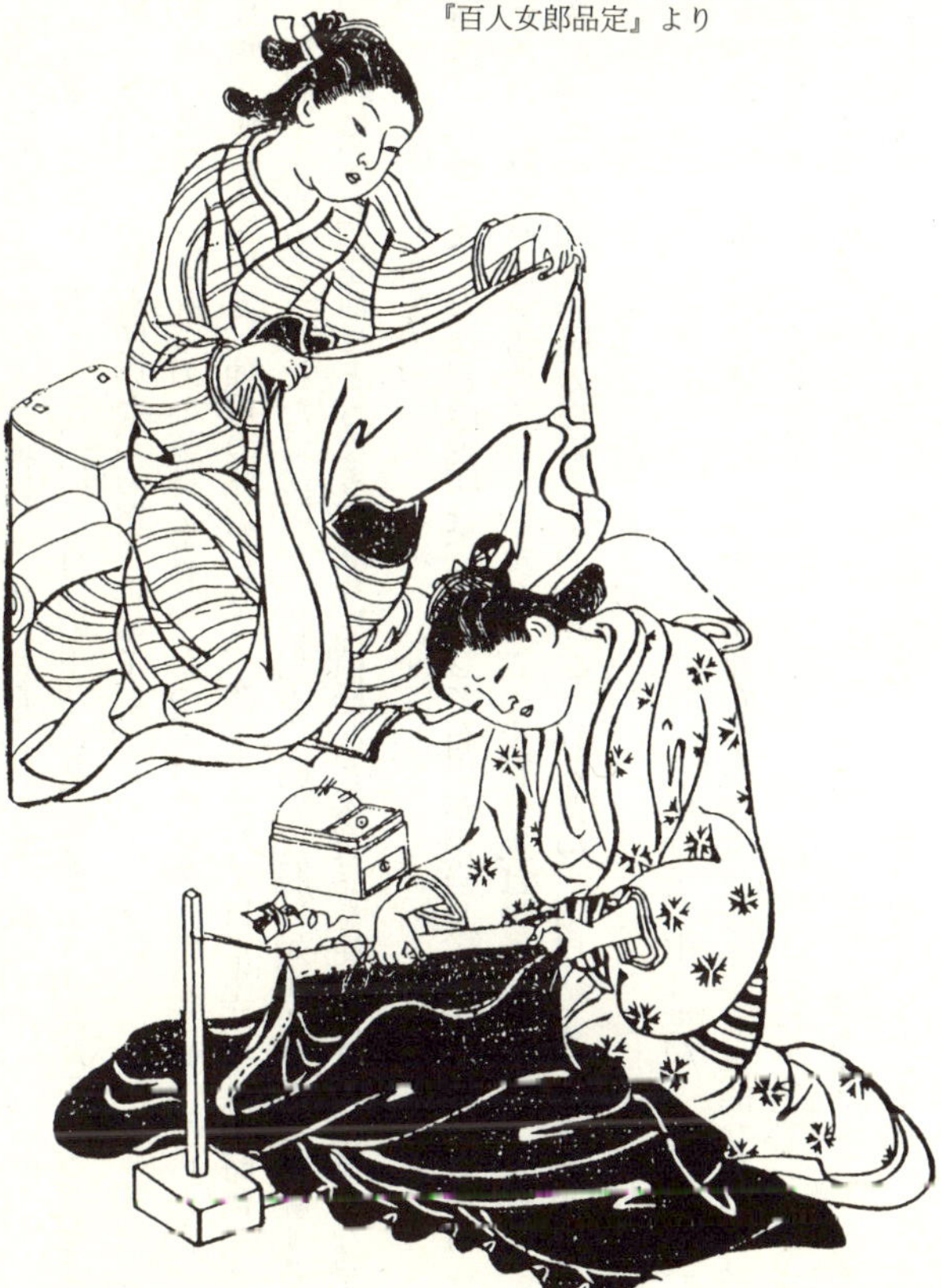

その他にも、火打ち石で火をつける道具一式を入れた火打ち箱、夜間照明のための行灯《あんどん》、大陰太陽暦（旧暦）のカレンダーなど、江戸時代の生活に必要なさまざまな江戸ふう生活のための小道具を準備し、それを使いながら書き進めていった。

田中は、石川の供給するこれらの小道具により、かつては文献の上だけで知っていた江戸の実生活の片鱗《へんりん》を体験する一方、独自の体験として、四季を問わず日常生活や外出時にできるだけ着物（和服）を着るようにした。洋服が一般化する前の衣服に対する感覚を体験するためである。同時に、着物生活にともなう下駄《げた》や柘植櫛《つげぐし》など木製品を使ったり、伝統的な筆で文字を書くことなどを体験した。

道具類の構造、原理、使い方などの説明は、主として石川が担当し、田中は、主にそれを実際に使ってみた体験や感想を書くことにしたが、この役割分担はけっして厳密ではない。また、書く量も、それぞれの体験の性質によって左右されるため、項目によっては必ずしも同じ長さになるとは限らないことをお断りしておく。

また、本書中の漢字による数字の表記は、なるべく、三百五十、十九世紀、三月二十一日、というふうに十や百を入れて書いたが、大まかな数や順序数でなく、具体的な数値、数量として書く場合、特にいくつかの数値を比較する場合と西暦年数は、わかりやすいように、三〇五人、六三パーセント、一九九〇年というふうに書いた。したがって、「二十四節《にじゅうしせっ》気《き》」と「一年を二四等分して」という両方の書き方があることをお断りしておく。

時刻が生みだすエネルギー

石川英輔

時刻制度によってエネルギーを節約しようという発想がある。

そんなことができるのかと思われるかもしれないが、その一つの試みとして有名なのが〈夏時刻〉だ。一般的には夏時間ともいう。何でもカタカナ英語でいうのが流行だからサマータイムといった方がわかりやすいかもしれない。

これは、日の長い夏の一定期間だけ、時計を全国一斉に一時間進めるという方法だ。そうすると、それまでの七時が八時になるから、夏時刻の間だけ、朝は一時間早く起きて、学校なり勤め先へ行く。もちろん、夜も一時間早く寝る。つまり、夏の長い昼間を朝から晩までうまく使えば、電灯代をはじめさまざまなエネルギーが節約できるというアイデアである。

現在の日本人は、ごく大まかにいって、一時間に一人当たり五〇〇〇キロカロリー、石油に換算して五〇〇ミリリットル程度のエネルギーを使っているから、毎日三〇分間使うぶんだけ節約できたとしても、一億二〇〇〇万倍すれば、一日当たり石油三万キロリットル程度を減らせる計算になる。

ただし、これは紙の上の計算であって、実際にどうなるかは保証の限りでない。

太平洋戦争後の昭和二十年代に、日本でも夏時刻を実施した時があったが、まだ中学生だった私がはっきり覚えているのは、朝眠くて困ったことだけだ。なぜかというと、いつまでたっても明るいからつい夜更かしするのに、時計は時計で一時間進んでいるから、結局は、「宵《よい》っ張《ぱ》りの朝寝坊」ならぬ「宵っ張りの早起き」を強制され、眠い目をこすりながら学校へ行く結果となった。

私だけでなく、大人でも眠いといっている人が多かったのを覚えている。最近では、またヨーロッパのまねをしてサマータイムを復活させ、エネルギー節約をしようと画策しておられる向きがあるようだが、居眠り運転による自動車事故が増えないことを願っている。

それはともかくとして、時刻制度によってエネルギーの使用量を減らすという発想の大まかな意味はわかっていただけたと思う。

明六ツ・暮六ツの世界

夏時刻などという中途半端な方法ではなく、すべての季節に合わせて時刻を変える方法もある。現在のように一年中同じ時刻を使う時刻制度を〈定時法〉というのに対して〈不定時法〉と呼ぶが、日本でも、明治五年（一八七二）にグレゴリオ暦に切り換えるまでは、不定時法を使っていた。

江戸時代にも時報があったといえばびっくりする人が多いが、日本の時報の歴史はかなり古く、平和な江戸時代になると、全国各地に〈時の鐘〉ができて時刻を知らせるようになった。

江戸を例にとるなら、寛永《かんえい》三年（一六二六）から、日本橋本石町《ほんこくちょう》、現在の日本橋本町四丁目で、時の鐘による時報が始まった。江戸中央標準時ともいうべき、いわゆる、『石町《こくちょう》の時の鐘』である。この鐘は、今でも同じ日本橋地区の中、五〇〇メートルほど北東にある十思《じっし》公園の立派な鐘楼に保存してある。

時の鐘で時刻を知らせる時には、まず捨て鐘といって三回ついた後に、その時刻の数だけついた。今のラジオやテレビの時報でも、まず、ポッ　ポッ　ポッ　と三回鳴って注意を引いてから、本当の時報がポーンと鳴るが、あれと同じ発想だ。しかし、不定時法による時刻の数値もその決め方も、現在の時刻とはまるで違っていた。

今では、一日を二四等分して一時間とするが、かつての不定時法では、一日を夜と昼に分け、それぞれを六等分して一刻という時間の長さを決めた。この場合の一刻は、イッコクではなく、イットキと読む。昼と夜の境になるのが、明六《あけむ》ツと暮六《くれむ》ツという時刻だが、これは、日の出、日没の時ではなく、太陽がまだ地平線下にある状態で、寛政暦では、太陽の中心が地平線の下七度二一分四〇秒にある時とはっきり決めてある。

つまり、明六ツと暮六ツの時には、太陽はいつも地平線下の同じ角度にあるから、明六

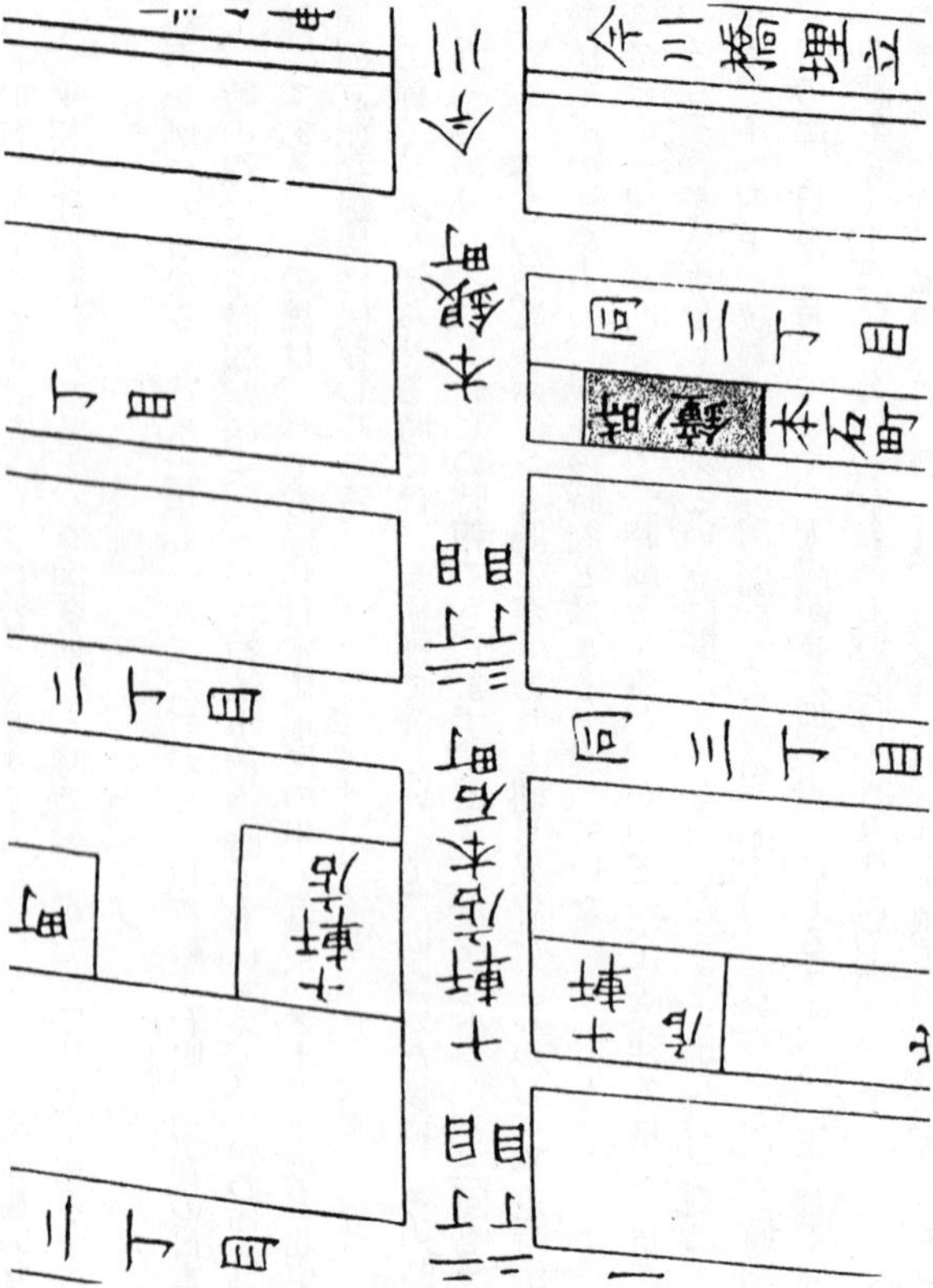

江戸・日本橋本石町にあった時の鐘の地図
尾張屋清七版（安政２年・1855）

現存する石町の時の鐘と十思公園の鐘楼

ツ、暮六ツ時の空の明るさは、一年を通じていつでも同じだった。明六ツは日の出のほぼ三六分前、暮六ツは日没のほぼ三六分後だと思って差し支えないが、厳密にいうなら季節によってやや違う。同じ七度二一分四〇秒でも、夏の太陽は地平線に対して垂直に近い角度で動くのに対して、冬は斜めに動くからである。

いずれにせよ、明六ツ、暮六ツとも、外にいて目が慣れるとようやくものの形が見え始める、あるいはようやく見えなくなる頃だから、かなり暗い。

図を見ればわかるように、明六ツから暮六ツまでが昼の時刻、暮六ツから明六ツまでが夜の時刻になり、それぞれを六等分した一区分が一刻なのだ。しかも、それぞれの時刻の呼び方が変わっていて、六ツの次が五ツ、四ツと減っていき、四ツの次、つまり昼間なら太陽が南中《なんちゅう》する時刻がいきなり九ツになり、さらに八ツ、七ツとなり、また六ツになる。つまり、四と九の間の数値しか使わないばかりか、九、から四へ、多い方から少ない方へ時刻が進む。

こんな奇妙な数になる理由についてはいろいろな説があるが、いずれも決定的な説明とは思えないので、ここではくわしく触れないことにする。

日の出、日の入りの時刻は毎日少しずつずれていくから、明六ツも暮六ツも毎日少しずつ変わり、昼夜の長さも毎日変わる。それにつれて一刻の長さも変化する。ちょっと意外な気がするが、現在の正式の暦である『理科年表』暦部（国立天文台編　丸善）には、〈夜明・

国立天文台では、毎年『理科年表』に1年間の明六ツ、暮六ツの時刻を計算した結果を5日おきの表として公表している。

国立天文台編『理科年表平成十一年版』P・36　丸善（1998）

暦 34 (36)　暦

夜明，日暮，日出入方位，日南中高度
東　京　平成11年　1999

月 日	中央標準時 夜明	中央標準時 日暮	日出入 方位	日南中 高度	月 日	中央標準時 夜明	中央標準時 日暮	日 方
月 日	h m	h m	°	° ′	月 日	h m	h m	
1 1	6 15	17 14	−28.1	31 20	7 5	3 52	19 38	−
6	6 16	17 17	27.5	31 49	10	3 55	19 37	
11	6 16	17 22	26.6	32 29	15	3 59	19 35	
16	6 15	17 26	25.5	33 20	20	4 3	19 32	
21	6 14	17 31	24.3	34 21	25	4 7	19 28	
26	6 11	17 36	−22.8	35 31	30	4 11	19 24	−
31	6 9	17 41	21.1	36 50	8 4	4 15	19 19	
2 5	6 5	17 45	19.3	38 17	9	4 20	19 13	
10	6 1	17 50	17.3	39 50	14	4 24	19 7	
15	5 56	17 55	15.3	41 30	19	4 28	19 1	
20	5 51	18 0	−13.1	43 15	24	4 33	18 54	−
25	5 45	18 4	10.8	45 4	29	4 37	18 47	
3 2	5 39	18 9						
7	5 32	18 13						
12	5 25	18 17						
17	5 18	18 22	−					
22	5 11	18 26	+					
27	5 4	18 30						
4 1	4 56	18 34						
6	4 49	18 39						

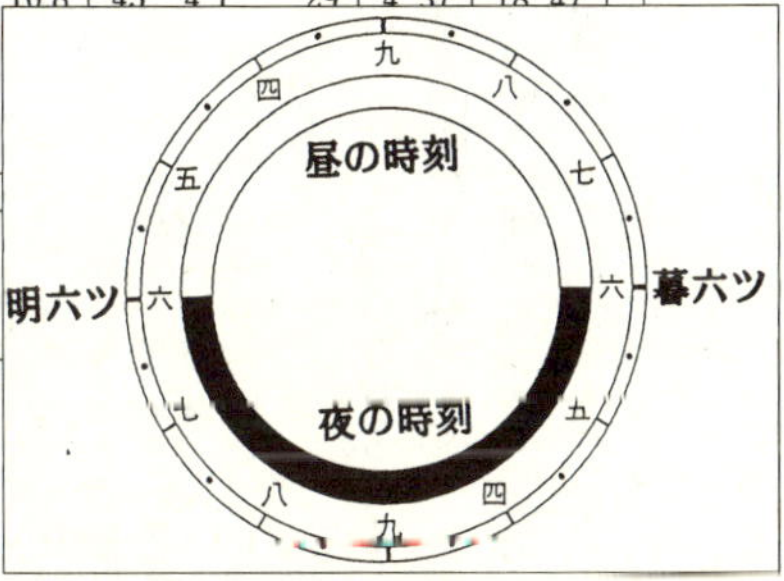

時刻と昼夜の関係
日の出の約36分前を明六ツ、日没の約36分後を暮六ツとし、その間をそれぞれ六等分すれば、太陽が南中する正午が九ツとなる。

おきに出ている。

日暮〉という表があって、寛政暦による現在の東京での明六ツ、暮六ツの正確な時刻が五日おきに出ている。

この表を使って計算すると、冬至《とうじ》の日は昼の一刻が一時間五〇分、夜は二時間一〇分ぐらい。夏至《げし》になると、昼の一刻が二時間四〇分、夜が一時間二〇分ぐらいになって、冬と夏では、何と昼の一刻の長さが五〇分も違うのだ！

しかし、時刻が毎日ずれていけば、いくら昔の人がのんきだといっても実生活のうえで不便だったから、太陽の位置で一年を二四等分する二十四節気《にじゅうしせっき》を利用し、節気の最初の日の明六ツ、暮六ツの時刻を次の節気が始まるまでの半月間使った。たとえば、春分から清明《せいめい》までの一五日間は春分の日の時刻、立秋から処暑《しょしょ》までの一五日間は、立秋の日の時刻を使うのである。要するに、江戸時代の不定時法は完全な不定時法ではなく、一年を二四に分けて、その期間だけは一定の時刻とする定時法と組み合わせていたのである。

と、説明しても、一度読んだだけではよく飲み込めない、という読者もおられるだろうが、無理もない。私のような専門家にとってもかなり複雑な問題だからだ。

また、いったい、こんなややこしい時刻制度を使って、昔の人は何か良いことがあったのだろうかと、疑問に感じられるかもしれないが、それも当然だ。

不定時法の便利さ

もし今、江戸時代のような不定時法を採用したら大騒ぎになるだろう。一刻《いっとき》という時刻の単位の長さが半月ごとに変化するのでは、交通機関の正確な運営はひじょうにむずかしいというより、ほとんどできなくなり、鉄道や飛行機の事故が増えることは保証してもいい。だが、明治維新以前の日本では、不定時法が不便でなかったどころか、不定時法でないと不便で困ることだらけだったのだ。

その理由は二つある。

第一は、江戸時代の時計は、大名時計と呼ぶ人もあるほどで、一般庶民はほとんど目にすることもない高価な貴重品だったから、太陽の位置だけで時刻の見当がつく不定時法の方が便利だった。

なぜ、不定時法だと太陽の位置で時刻の見当がつけられるかというと、大空を自然の時計の文字盤と考えて、太陽の昇るあたりから南中する位置までを三つに分ければ、かんたんに大まかな時刻がわかるからだ。

まず、日の出の頃が明六ツを過ぎたばかりで、三分の一昇れば五ツ、三分の二まで昇れば四ツ、真南へ行けば九ツで正午である。午後も同じようにして、八ツ、七ツと進み、日没後

貴族の書斎においてある時計
大名時計というように、江戸時代の時計は庶民とはほとんど縁のない道具だった。　『修紫田舎源氏』より

不定時法の時刻と太陽の位置の関係
日の出の少し前が明六ツ、真南に太陽が来た時九ツだから、その間を三等分して、午前中は五ツ、四ツ、午後は八ツ、七ツの見当をつけるだけで、時刻がわかる。

の真っ暗になる直前あたりが暮六ツとなる。

このルールは、太陽の高さに関係なくどの季節でも同じだから、太陽が出ている限りその時の時刻の見当がつく。そういう社会に生まれ育った人なら、大人になる頃にはかなり正確に時刻がわかったから、外で待ち合わせるとしても、それほど見当違いでない頃に落ち合うことができた。ところが、現在のような定時法の時刻なら、太陽の高さと時刻の間に直接のつながりがないため、同じ朝六時といっても、明るい季節も真っ暗な季節もあるから、大体の見当をつけることさえむずかしい。

時計のない時代は、不定時法の時刻の方がはるかにわかりやすかったのである。

第二は、照明が発達していなかった時代には、不定時法の方が暮らしやすかった。現在なら、午後六時が明るくても暗くても別に困らない。暗ければ電灯をつければいいだけだからだ。ところが、江戸時代の標準的な照明だった行灯、つまり、油を入れた皿に灯芯《とうしん》を入れて点火し、周囲に障子紙《しょうじがみ》を貼った枠の中におくだけの簡単な照明器具だが、これは非常に暗かった。

この文を書いている時の私は、NHK教育テレビの『やってみよう　なんでも実験』という科学実験番組に司会者として出演している。かつて番組で〈明かり〉を扱った時、昔の照明を復元しようというので、スタッフが行灯を作ってくれたことがある。

番組の中では、私が実際に火打ち石を使って点火して見せたが、リハーサルの時スタジオの中にいた人々の間から、あまりの暗さに驚きの声があがった。テレビ収録用の数十キロワットもの照明がついていては、心細い火が灯《とも》っているかどうかもわからないほど暗いのだ。

行灯の明るさを照度計で測定してみると、六〇ワット電球の一〇〇分の一か、せいぜい五〇分の一の明るさにすぎないから、テレビ時代劇の夜の室内場面のように明るくするためには、行灯を数百個も並べなくてはならないだろう。

こんな暗い照明だから、夜になれば仕事も思うようにはできない。となると、なるべく朝早く起きて、日の照っている時間を充分に利用しないと損である。そこまでは、夏時刻と同じ発想だが、夏の短い期間と、それ以外の期間の二つにわけて一時間だけずらす夏時刻に比

行灯のあかりで針に糸を通そうとしている女性。暗いので障子を開け、裸火に針のメドを向けている。

『教草　女房形気』より

べると、日本式不定時法ははるかにキメこまやかである。つまり、明六ツに目を覚ませば、どんな季節でもほぼ日の出とともにその日の活動を始められる。いつでも、太陽が照っている間を目一杯に使うことができるはずだ……というのは、これまた紙の上の理論にすぎない。

不定時法で暮らしてみないと本当のところがわからないと思った私は、実際に不定時法の時計を二個作って一個を田中優子さんに送り、それぞれの家で使い始めた。

不定時法の時計を作る

今では〈和時計〉あるいは〈大名時計〉と呼んでいる江戸時代の不定時法用の機械式時計は、ごく大ざっぱに分けると二つの方式に分類できる。

第一方式は、昼の時刻つまり明六ツから暮六ツまでの間と、夜の時刻つまり暮六ツから明六ツまでの間で、時計が進む早さを変える構造である。

第二方式は、時計の進む早さは一定にしておいて、昼の時刻と夜の時刻で目盛りの間隔を変える構造である。

本格的なのは第一方式で、天符《てんぷ》という水平に動く振り子のような役をする装置を調節して、進み方を変えるのだ。ここに『機巧図彙《からくりずい》』という寛政八年（一七九六）刊行の機械技術

和時計の構造と天符　『機巧図彙』より

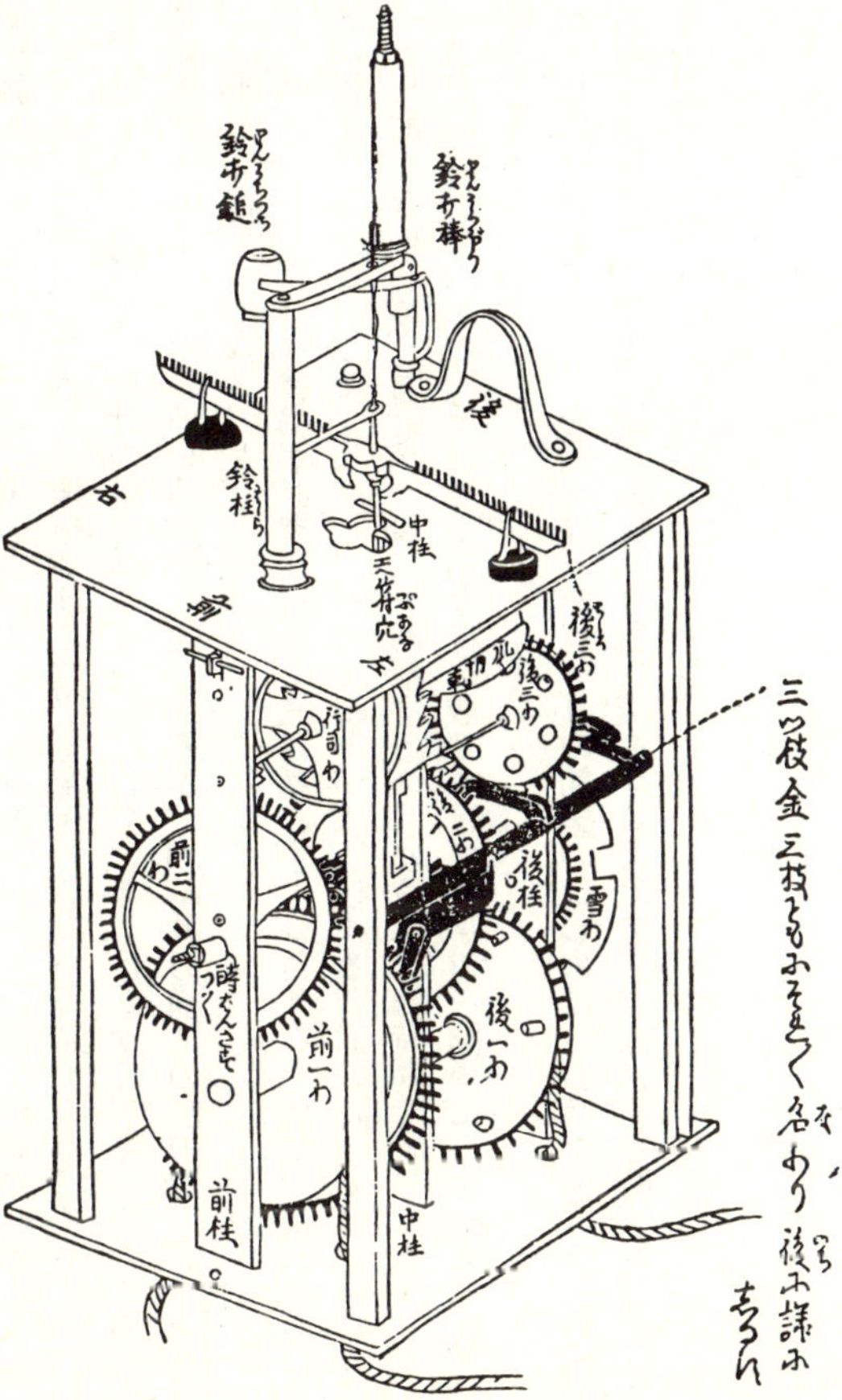

書に出ている時計の構造図を掲げておくが、箱の上にあるこまかい歯のついた横棒が天符で、両側に錘《おもり》がつるしてあり、この錘を内側にかけると進みが早くなり、外側にかけると遅くなる。明六ツ、暮六ツになると、錘をかける位置を変えて進みを調節するのだ。

第二方式はもっと簡単で、時計の針の進みを一定にしておき、目盛りの間隔を変えて調節する。これもこまかくいうといろいろなやり方があるが、和時計の構造の解説が目的ではないので、くわしい説明はしない。

二つの方式のうち、特殊な機構が必要な第一方式は私の手には負えないので、作りやすい第二方式を採用することにした。しかし、一日に時針が二回転する普通の時計では、目盛りが複雑で実用的でないため、時針が一日に一回転するいわゆる二十四時間時計のムーブメント(時計の機械部)を入手し、それを手頃な枠に取りつけて文字盤を簡単につけ替えられる構造の時計を作った。

時針が一日に一回転する時計を使えば、それぞれの節気のはじめに合わせた目盛りをつけた文字盤を二四枚作っておき、節気の変わり目に交換するだけで、立派に不定時法時計として使えるのだ。

時計を調節する女性　『風俗鏡見山』より

私の作った不定時法時計

写真を見ればわかるように、この不定時法時計には時針が一本しかついていない。もともとそれほどの正確さを求めてもはじまらない時計なので、五分程度の精度、つまりプラスマイナス二、三分の誤差範囲で目盛りを読めれば充分なのである。和時計では、こういう交換式の文字盤のことを節気に合わせた板という意味で〈節板《せついた》〉と呼んでいたから、ここでもその名前を使うことにする。

私の使った節板は、『理科年表』に出ている〈夜明・日暮〉の表、つまり寛政暦による明六ツ、暮六ツの東京での時刻の表によって製作した。具体的な作り方は、まず円形の目盛り板の外側を二四等分して現在の定時法の時刻を目盛る。上下左右にある大きい黒丸は六時と十二時で、間に一時間間隔で小さな黒点が並ぶ。ここに、各節気の初日の明六ツ、暮六ツに相当する現在の時刻を目盛って、明六ツから暮六ツ、暮六ツから明六ツの間をそれぞれ六等分した目盛りをつければ目盛りは完成する。見ればわかるように、明六ツ、暮六ツのちょうど真ん中が、昼夜とも九ツになる。

こうして、立春から大寒までの二四枚の節板を作図したが、夜の時刻の部分は、時刻の数字の内側を黒く塗って、昼夜の区別が一目でわかるようにした。さらに、その内側には、十

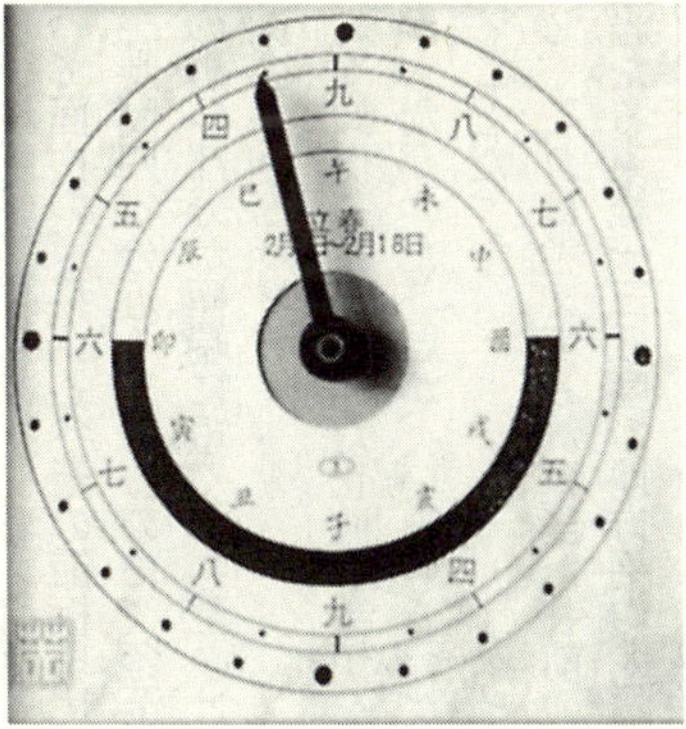

石川式不定時法時計
（立春の節板がつけてある）

二支による時刻も書き込んだ。

こうして作った時計の時刻を合わせるには、昔なら、太陽が南中する時に、昼の九ツを指すように針の位置を合わせたが、今は、そんな面倒なことをしなくても、外側の目盛りが中央標準時なので、正確な時計を見て外側の目盛りに針を合わせれば良い。江戸時代の機械時計と違って、このムーブメントは正確なクオーツ式なので、節気のはじめ、節板を変える時に合わせるだけで、次に交換するまでの約半月間ぐらいなら、調節しなくてもほとんど誤差は生じない。

実際に作ってみると……

こうやって節板を作ってみると、季節によって夜と昼の長さがどんどん変化する様子がよくわかって面白い。夏至と冬至の節板を比べるのがもっともわかりやすいが、夏至の昼間の一刻が二時間四〇分近くもあるのに、冬至では一時間五〇分程度しかないから、夏至の節板では夜の黒い部分が極端に短く、冬至のは長い。この両極端の間で、昼間の長さが伸びたり縮んだりしているのだ。

実際に寛政暦にもとづいた正確な数値を使って節板を作ると、ただ頭の中で考えていたのではわからなかったことが、いろいろわかった。まず意外に思ったのが、九ツが十二時より前になることだった。

しかし、これは考えてみれば当たり前のことで、現在の中央標準時は、日本の東西のほぼ中央に当たる東経一三五度の地方平均太陽時、わかりやすくいえば、明石《あかし》市で太陽が南中する時刻を、全国で正午の十二時としているからだ。九ツが十二時になるのは、明石市とその南北、淡路島《あわじしま》から丹後《たんご》半島あたりにかけての地域だけで、その東西にある場所では南中する時刻と一致しないのが当然なのだ。例えば西にある那覇《なは》用の節板を作れば、九ツは必ず十二時過ぎになる。

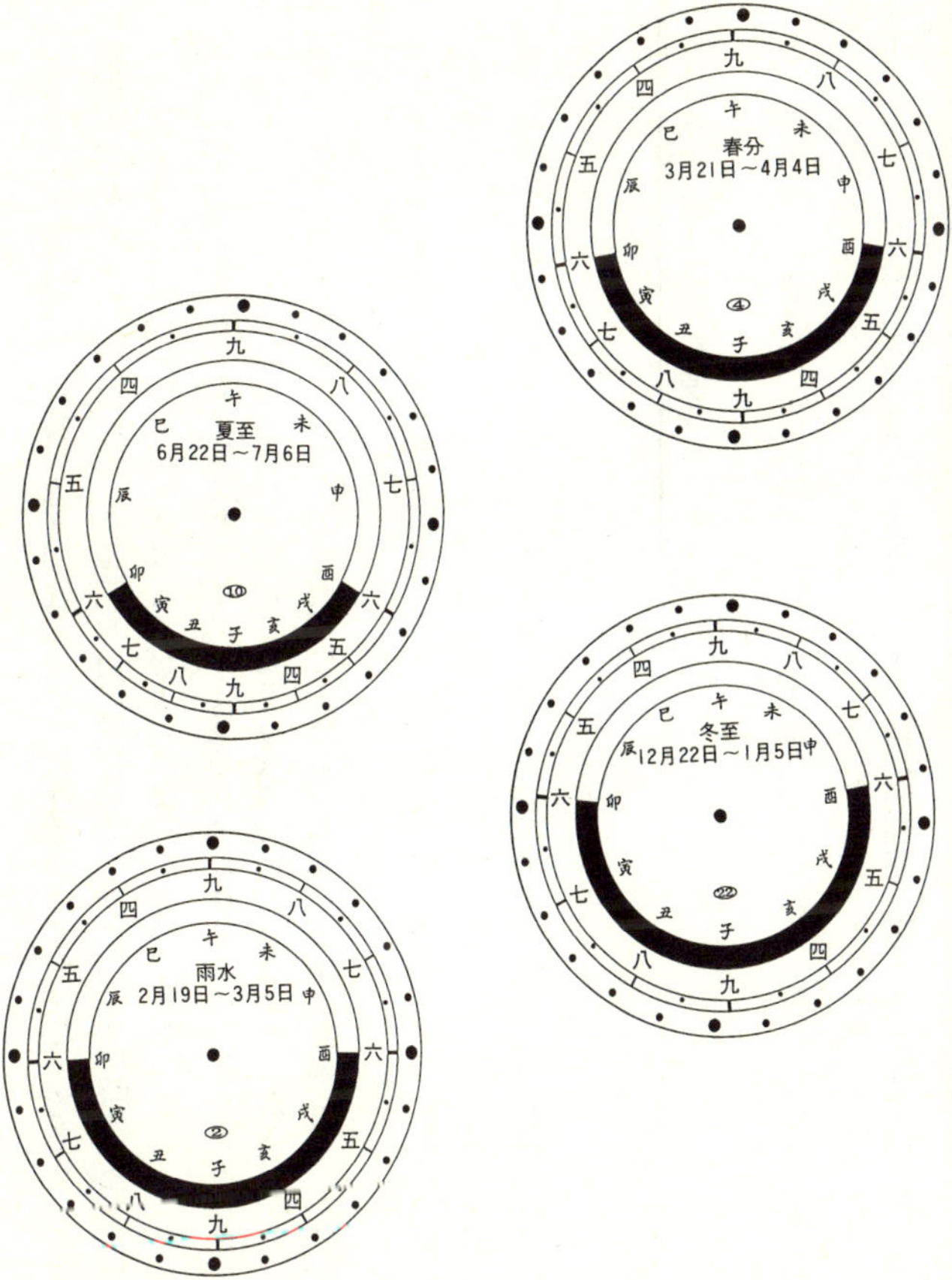

春分、夏至、冬至、雨水の節板　昼夜の長さの変化がよくわかる。

つまり、不定時法は、経度が違えば使えない地域性の強い時刻法なのである。強すぎる中央政府のおかげで画一的になってしまった現代の日本と違って、江戸時代までの日本はひじょうに多様性に富んでいたが、時刻までが土地によって違っていたのだ。

また、春分と秋分の時に、暮六ツ、明六ツが現在の六時頃になると書いた本があったが、こうやって作図してみると、東京・江戸ではそうならないことがよくわかる。明六ツ、暮六ツは日の出、日没の時刻ではなく、それぞれ三六分ぐらい日の出より早く日没よりおそい時刻だからだ。

したがって、東京では一年を通じて昼間の時間が長い季節の方がずっと長く、明六ツ、暮六ツを基準にすれば、春秋分とも昼間の方が長い。東京で、明六ツ、暮六ツが午前、午後ともほぼ現在の六時頃になるのは、一年を通じて二月の後半の〈雨水《うすい》〉の頃の短い期間だけである。

不定時法時計を使う

サラリーマンのように、毎日朝から外へ出て働かなくてはならない人には、不定時法の時計など何の役にも立たない。私のように、昔ふうにいうなら〈居職《いじょく》〉つまり、主に自宅で仕事をしている職業の場合でも、正直なところ特に便利だと思うことはない。私の書斎の外

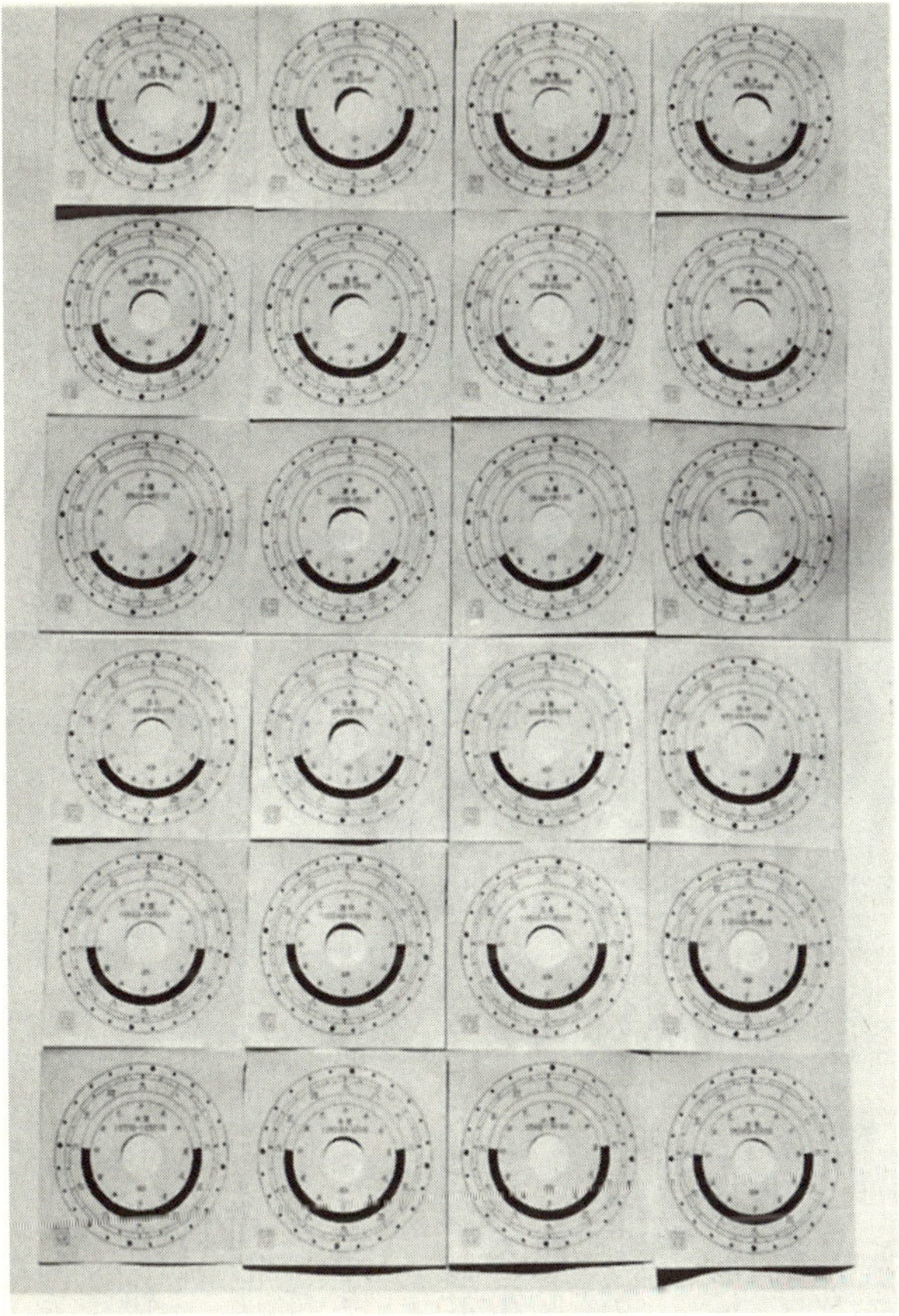

二十四節気に合わせた24枚の節板

の全世界は、定時法で動いているからだ。

しかし、一年も使っていると、やはりいろいろと気づくことはあった。

最初に感じたのは、明六ツ、暮六ツともに、予想以上に暗いということだった。快晴の日でも、家の中から見るとほとんど真っ暗である。ただし、庭仕事などしている時は、日暮れになっても目が闇に慣れていくから、暮六ツならまだ手元が見える。明六ツも同じ明るさだが、これからどんどん明るくなるから、明六ツの鐘を聞いてからやおら顔でも洗っていれば夜明けになったはずだ。つまり、明六ツから暮六ツの間が、太陽の明るさで生活できるぎりぎりの限度だということが、この時計を使ってみて納得できた。

次に気づいたのは、時刻と太陽の位置がよく一致しているということだった。時計を持っている人がほとんどいなかった時代なら、不定時法の方が合理的だということは、外の明るさと不定時法の時計の針を見比べながら暮らしていると、よくわかってくる。

また、野鳥は不定時法で生活していることもわかった。私の家の庭ではヒヨドリが早起きだが、明六ツ後一〇分か二〇分ぐらいたった頃、日の出前に鳴き始めるのが普通だ。また、隣の家で飼っているニワトリはもっと早くて、明六ツの一時間から一時間半ほど前にはコケコッコーと時を作る。小屋の中にいるニワトリは、自由に動けるヒヨドリに比べると、自然の明るさ以外に、近くにある街灯など人工的な照明の明るさの影響も受けているかもしれないが、確実に明六ツより早く鳴く。

電灯のような明るい照明が使えなかった昔は、人間も野鳥やニワトリに近い時間感覚で生きていたはずなので、不定時法の方がなじみやすかったのではないかと想像している。

不定時法とエネルギー

現代の東京で不定時法を使うのと反対に、もし、江戸時代に定時法で生活したとすれば、どうなっただろうか。

かりに、朝七時に起きて一六時間後の午後十一時に寝る習慣になっていれば、江戸（東京）なら、一年を通じて明るくなってから起きることになる。夏至の頃なら、午前七時は明六ツから三時間もたっていて、暮六ツは午後八時頃だから、寝るまでの三時間は照明を使わなくてはならない。しかし、明六ツに起きれば、一六時間後がちょうど暮六ツになるから、照明をほとんど使わずにすむ。

冬至の日でさえ、午前七時は明六ツから五〇分後で、すでに日は昇っている。暮六ツは午後五時頃だから、午後十一時に寝るとすれば、照明を六時間使わなくてはならない。ところが、明六ツに起きれば、照明する時間を一時間ぐらい減らせる。春分、秋分の頃なら、その中間で、二、三時間ぐらいの節約になる。

この関係をグラフで示すとよくわかるが、明六ツに起きる不定時法で暮らせば、定時法の生活に比べて、毎日同じ一六時間起きていても、照明している時間つまり油の使用料が半分になることがわかる。昼間の明るさを充分利用することで、かなりエネルギーの節約になっていたのだ。今でも、明六ツに起きて一六時間後に寝れば、電灯用の電力使用量はほぼ半分に減るだろう。

文化五年（一八〇八）の記録によれば、江戸で行商人から油を買うと、一合（一八〇ミリリットル）が四一文だった。行灯の油の消費量は、四季の平均で一日に四勺《しゃく》か五勺だったそ

照明時間の比較

午前7時から午後11時まで
定時法での生活

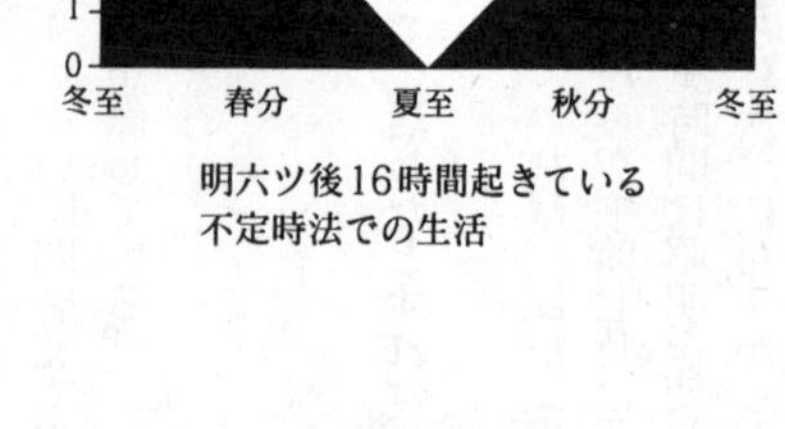

明六ツ後16時間起きている
不定時法での生活

油の行商人　『江戸府内　絵本風俗往来』より

うだから、一日二〇文として月に六〇〇文、つまり、大工の日当、あるいは裏長屋の家賃ぐらいの金額が照明費としてかかったことになる。一升（一・八リットル）買えば半値以下になるが、貧しい人ほどまとめ買いができないため、油代もかなりの負担になる。結局、夜になればなるべく早く寝るようになった。

「早起きは三文の徳」という諺《ことわざ》があるが、早起きすれば自然に早く眠くなり、油代の三文や四文ぐらい節約できることは、昔の人にとって常識だったのである。たとえ三、四文でも、一ヵ月では一〇〇文前後になったから、ばかにできない。

まことにケチくさい話だが、経済発展のために使い捨てを奨励するようになる前の日本では、ものをむだに使うのは悪いことだったのである。

昔の不定時法の時計は、かなり面倒な操作をしなくてはならなかったが、大部分の庶民は機械式の時計を持っていなかった。時刻の管理を時の鐘の番人や山寺の和尚《おしょう》さんにまかせておいた。山寺の和尚さんは機械式の時計を持っていなかったが、簡単な香《こう》時計は方々で使っていたらしい。香時計とは、安定して燃える植物性の粉、たとえば乾燥したシキミの葉の粉を灰の上に決まった図形の筋状に並べて一方に点火し、燃えた長さで時間を計る道具だった。上手に使えば、かなり正確な時間がわかった。

個人的には特別な時刻の知識がなくても、社会全体が複雑な不定時法を取り入れていただけで、エネルギー節減の効果は大きかったのである。

天体の動きで生きる快適さ

田中　優子

江戸時代に生きていたら、もっと人生が楽だったろうと、現代社会に適応できないでいる私はしばしば考える。

江戸時代までの暮らしの心地よい点は、いうまでもなく、太陽や月や気温や樹木や水に、人間がはるかに近寄っていることだ。人間は人間になった瞬間から自然と切り離されたのだから、全くの自然状態などあり得ない。だからこれは、あくまでも相対的程度問題である。しかし、そのわずかな差に裏づけられた生活でさえ、私たちはもう想像できなくなっているし、ましてや身体的にはもっと体験不可能になっている。江戸生活の体験は、ほんの小さな穴から江戸時代をのぞいた程度のことなのに、今まで気づかなかった自分に気づくことになった。

まず江戸生活体験の試みを通して、現代社会不適応者の私がわかったことは、〈自然〉と〈身体〉との関係である。眼で見る、音で聞く、物に触れる、身体が感得する、ということが生活の基本であることだ。体験として今のところ、陰暦カレンダー、不定時法の時計、火打ち石、着物、下駄やつげ櫛《ぐし》などを使っている。また、行灯《あんどん》や蠟燭《ろうそく》の光、その背景にある暗闇や音のしない環境などの経験、特に海外などでの生活をしっかり体験し、記憶しておくように配慮した。

そうすると、それらの道具や経験を通して、今までよりずっと、自然と身体の関係に敏感になったのである。だから、この実験は私にとって、江戸時代の道具の使い勝手の実験ではなく、道具を通して自然と身体との関係を知る実験となった。結果として、江戸人や同時代の他の国の人々や、今も江戸時代と似た生活をしている人々の暮らしをより深く想像できるようになった。

そして、冒頭に書いたような結論に達したのだ。深く想像してみればみるほど、江戸時代までの生活の方が、私には合っていそうだ。

たとえば、この二、三年、陰暦カレンダーを使っている。これは旧暦（大陰太陽暦）の日づけと月齢による月の形の図で構成されたもので、市販されている。毎日の月の形が描かれているところが、いかにも自然現象に鈍感になった現代人向きだ。本来なら、月の満ち欠けの様子を見れば旧暦の日にちがわかるはずなのに、月が読めなくなった現代人はまず情報を仕入れてから空の月を見て、「なるほど」と感心するのである。

私も、最初はそうだったが、やがて月の形を見れば、今日が何日であるか、だいたいわかるようになってきた。月の形だけでなく、陰暦で生活すると、季節の足音にいやおうなしに敏感になる。そして、季節の変化が明らかに二十四節気に従って動いていることも、わかっ

香時計を準備している。灰の上に一定の型のくぼみをつけ、シキミの葉を乾燥した粉末などを入れて点火し、燃えた距離で時刻を知る。もともとは、〈常香盤〉といって、仏前にお香を絶やさないための道具だったが、時計に転用するようになった。寺の時の鐘は、香時計を使って撞く場合が多かったようだ。もちろん、10分ぐらいの誤差は普通だっただろうが、それでも誰も困らなかった。

『絵本吾妻の花』より

てくる。この点については、暦についての項でくわしく説明しよう。

身体は不定時法で生きている

和時計による不定時法を使っていると、時間にも敏感になる。石川式不定時法時計の針と太陽の位置と外の明るさの関係は、はじめはまったくわからなかったが、しばらく使っているうちに推測がつくようになってきた。江戸時代の人々が、外にいても不定時法の時刻がおよそわかったように、私も外出中にわかるようになってきた。

そのうちに、不定時法の〈刻《とき》〉で待ち合わせができるかもしれない。ただし、前後二、三十分ぐらいの誤差はありそうだ。おそらく、昔の人は、時間についてそのぐらいの加減で暮らしていたのだろう。私には、その方が心地よく思える。今の日本では、ある年齢以上になれば、一分と違わない正確な時計を持っていて、それに引きずられるように生きている。だが、考えてみれば、こんなことが始まったのはごく最近のことであって、人類史上かなり異常な現象なのだ。

私は幼いころ時間にルーズだった。理由は、読書や空想や天体を見たりして夢中になると、のめり込んで出て来られなくなるからである。しかし、現代社会は分秒単位で動いており、中学生の終わりごろにやっと、このままでは社会の中で生きられないとわかった。する

時計を描いた浮世絵はかなりある。江戸時代の浮世絵師の作品は、手抜きをせず正確に描いてあるため資料性が高いのだが、時計に関しては、構造を正確に描いた絵は非常に少ない。絵師でも時計を見る機会はあまりなく、庶民にとって時計がそれほど重要な道具でなかったと想像できる。
(上左)『絵本操節草』より。(上右)『春遊び十二時　申ノ刻』より。(左)『玉葛初て室町へ出る粧の図』より

と逆に、時間に神経質になった。

ありのままの自分で生きられないので、常に時間に対して分秒単位で緊張するようになったのである。それからというもの今に到るまで、人との待ち合わせや仕事の時間にほとんど遅れたことはないが、この緊張を維持するのは疲れる。太陽の位置と、時の鐘ののどかな音に従って、一時間ぐらいはどちらでもいいようなルーズな社会に生まれていれば、そんなふうにならなくて済んだのだと思う。

太陽の動きと睡眠の関係についても、以前から悩みが深かった。私は、町生まれのくせに原始的なところがあって、身体が太陽に反応してしまうからだ。不定時法の時計と照合するようになってはじめてわかったことだが、私は明六ツの一〇分ないし三〇分前から体温が上がりはじめ、徐々に身体が目覚めることが多いようだ。

夏はかなり早く目が覚め、「まずいかな」と思ってもう一度眠るように努力したりする。冬は、夏より起きる時間が遅くなる。寝室も、カーテンではなく障子にしてあり、夜明けはすぐにわかる。鳥が鳴きはじめるのもたいてい聞いている。やはり、明六ツの一五分から二〇分ぐらい後の明るくなった時に野鳥が鳴きはじめることが多いようだ。

ただし、これは社会生活を考えなくてもいい場合の起き方で、実際には、出張や大学への出勤のためにもっと早く起きなければならないこともある。その場合は、一応目覚まし時計を仕掛けておくが、これが役に立ったことはほとんどない。

日没から暮六ツにかけてのたそがれは、逢魔が時ともいって、お化け、魔物のたぐいが活動し始め、人間は家で休息する時ということになっていた。
『画図百鬼夜行』より

目覚まし時計は、普通の人と違う使い方をする。起きるためではなく、安心して眠るためにセットし、「これが鳴るまでは寝ていてもいいのだから」と暗示をかけるのである。それでも、目覚ましの音で目覚めることはめったになく、たいていは鳴る前に目が覚めてしまう。

これは、前夜の寝ついた時刻には関係ない。阪神・淡路大震災の時刻は、身体が目覚めはじめたもっとも敏感な時だったのだろう。震災の時刻は、明六ツの約三〇分前だったが、寝床の中で微《かす》かだが確かに、地震としか思えない揺れを感じた。「また東北かな」と思ったのではっきり覚えている。

あとで、阪神が揺れた時間から少しあとだとわかった。距離による時間差があったためだ。しかし、誰も信じてくれない。

このように、実際に不定時法を使っているうちに、次第に自分の身体も本当は人間の作った定時法のルールに従っているのではなくて、本当は太陽の運行に従って生きているらしいことがわかってきたが、考えてみれば当たり前の話だ。日本では、定時法になってから一〇〇年そこそこしかたっていない。無意識のうちに生活を定時法に合わせているものの、われわれの身体は、本当は不定時法に合わせて生きているのだ。

明六ツから始まる夜明けは、夜中にうごめいていた妖怪たちが、消えていく時で、人間の活動する時間帯が始まる。これが、正常な人間の生活なのだろう。
『画図百鬼夜行』より

夜中に起きている不自然さ

ところで、大学教員などの知識人社会では、不定時法に合わせて目が覚めるのは反社会的な性癖である。私の周囲のほとんどの人は、昼夜逆転しているか、それに近い生活をしている。だから、私は、大学生のころからまったく適応できなかった。その傾向は、年をるとともに慣れてくるどころかますますはっきりしてきて、頑張って合わせていると必ず風邪をひくようになった。朝は同じように目覚めてしまうのだから、周囲に合わせていると必ず寝不足になるのだ。

そして、時々限界がきてダウンする。通常は、夕方には疲れはじめ、夜は静かに閉じこもりたくなり、社交的でなくなる。当然つきあいが悪くなる。年とともに、夜の研究会やフォーラムや宴席への足も遠のいてゆく。それでも、仕事で帰宅が深夜になることは避けようもない。

「夜の電話は十時までにしてくれます?」という申し出をするのも恥ずかしく、「年取った母がおりますので」と付け加えるのは嘘で、ほんとうは母の方が夜に強い。「健康的だね」「異常だね」と何度からかわれたかわからない。数年前、一年間オックスフォードに滞在していた時も、「朝早く起きすぎる」と階下の住人に怒鳴り込まれ、朝は「普通の」時間まで暖房もつけず、抜き足差し足で過ごす羽目になった。

まったく正直なところ、日没とともに閉じこもり、夜明けとともに活動し、それが反社会的でない江戸時代までの生活がうらやましくてしようがないのである。

街道の様子を描いた浮世絵を見ると、江戸時代の旅人は、夜が明ける前には宿を出発した。参覲交代《さんきんこうたい》の大人数が動く宿場では、いっしょにならないように時差出発もしている。暮六ツ以降の夜の闇には不安がともなうが、明六ツ以前の闇はあまり気にならないものなのだ。

なるほど、お化けも河童《かっぱ》もたそがれ時には出るが、すぐ明るくなる明六ツ時に出たりはしない。この違いは、現在の私も、不定時法時計を使ってみてはっきり感じる。

電灯があるのならどの時間も同じこと、と理屈では思えるが、身体は、本当には電灯に反応していないのだと思う。

かなえられそうにない望みだが、できれば今回の体験に、「歩く」こともいれて、夜明け前に歩きはじめ、日の出を体いっぱいに迎えながら歩き続ける旅の快適さを確かめてみたいものだ。

昔のこよみによる生活

石川　英輔

今われわれが使っているこよみはグレゴリオ暦だが、江戸時代まで……正確にいうなら明治五年（一八七二）十二月二日までは、いわゆる〈旧暦〉を使っていた。旧暦は、日付を月の満ち欠けの度合い、つまり月齢によって決める太陰暦《たいいんれき》だったから、陰暦と呼ぶこともあった。

しかし、旧暦は純粋な太陰暦ではない。本当の太陰暦の例はイスラム教の宗教行事に使っているイスラム暦で、月の満ち欠けだけによる十二ヵ月を一年とするため、一年の長さは約三五四日。もちろん、月齢による日付と太陽の位置による季節は次第にずれて、十六、七年の周期で一月が冬になったり夏になったりする。

一年間の気候の差が少ない熱帯で、しかも遊牧民の多いアラビア地方ではこれで差し支えないのだが、日本や中国のように冬と夏の気候がまるで違っていて、しかも農業を主な産業としていた地域では、純粋な陰暦はこよみとしてまるで役にたたない。

日本で使っていた旧暦は〈太陰太陽暦〉といって、原形は中国生まれの暦法だから、農業向きにできていた。現在の中国で太陰太陽暦のことを〈農暦《のうれき》〉と呼んでいる理由は、中国の大半を占める農村の生活に適しているからである。実際、今でも中国の本当の正月は〈春《しゅん》節《せつ》〉つまり旧正月で、グレゴリオ暦の正月は、普通の祭日なみに元日を休むだけだ。

ちょっと考えると、日付と太陽の位置がほぼ完全に一致していて、暦の月日が同じなら季節もまったく同じになっているグレゴリオ暦の方が、太陰太陽暦よりも農業に適しているように思えるが、日本でも、江戸時代どころか二、三十年前までの農村では、旧正月を本格的な正月として祝うのが普通だった。

私は、昭和三十九年（一九六四）二月中旬、妻とともに滞在していた山形県五色《ごしき》温泉で、二月十三日に旧暦による新年を迎えた経験がある。しんしんと降りつもる深い雪の中だったが、注連《しめ》飾《かざ》りから鏡餅《かがみもち》、屠蘇《とそ》、雑煮《ぞうに》までちゃんと揃った本格的なお正月で、ついこの間、東京で正月を迎えたばかりの身としてとても不思議な気分になったのを覚えている。最近の農村事情はよく知らないが、今でもこういう伝統を残す地域があるのだろうか。

陰陽二本だてのこよみ

東アジアの農村で太陰太陽暦の方が便利だった理由は、大きく分けて二つある。

第一の理由は、太陰暦そのものの特徴として、ほぼ月齢イコール日付になっているため、日付がわかれば今夜の月の明るさもわかるからだ。反対に、慣れれば、月を見ただけで今日が何日なのか見当がつく。昔の人は子供の頃から見慣れていたから、晴れていれば夜空を見ただけで日付がわかった。月がこよみだったのである。

一日（朔《さく》）は必ず新月で月が見えない。そして、月の右半分が光ってDの形をしている間は十五日より前で、満月になる日が十五日でいわゆる十五夜だ。十六日以後は、月の左半分が光るCの形になり、月末の晦日《みそか》にはまた月が見えなくなる。「晦日の月」という古い言葉があるが、「あり得ないこと」を意味する。晦日に月が見えるはずはないからで、これも、グレゴリオ暦の三十日や三十一日の晦日では意味がわからない。

今の都会のように、夜中でも明るい街灯が道路を照らしていて、自動車でさえヘッドライトを消したままで走れるほどなら、月がどんな形をしていようが気にもならないが、明るい街灯のなかった時代は、月が明るいかどうかは重大問題だった。電灯のない……使えない世界では、月が最大の夜間照明であり、その晩の月齢によって人間の行動は大きく制限されたから、日付イコール月齢となっているこよみは、とても便利だったのである。

しかし、現在のように安い電力で電灯が自由に使えるエネルギー浪費社会では、光源としての月の価値はなくなり、同時に太陰暦の便利さも消えてしまった。

第二の理由は、太陰太陽暦というだけあって、純粋な太陽暦も組み込んであったため、農業用にも不便にならないばかりか、正月が、東アジア地域の農業がひまになる立春前後になるようにこよみが作ってあったからだ。

太陰太陽暦では、満月にもっとも近い日は必ず15日だったから、くもってさえいなければ、提灯なしで外を歩けた。『北斎漫画』より

前に書いたように、太陰暦の十二ヵ月はほぼ三五四日で、太陽の運行からみた一年、つまり三六五・二四二二日より一一日余り不足するため、不足分の合計は三年で三三日余りに達する。この時は、閏月《うるうづき》を設けて一年を十三ヵ月にすることで、不足をおぎなう。一九年に七回の割合で閏月をいれればほとんどずれがなくなる。だが、閏月のある閏年と平年では、一年の長さが三三日も違うのだから、グレゴリオ暦のように実用上ほとんど太陽の位置と日付との間にずれのないこよみと違って、そのままではとても農業に使えない。

ところが、旧暦は、太陰太陽暦というだけあって、その名の通り月と太陽の二本だて、つまり太陰暦の中に太陽暦がうまく組み合わせてあるのが特徴なので、農業用にも支障はなかった。だからこそ、現在でも中国では農暦にしたがって農業をしているのだ。

太陽暦の部分とは、いわゆる〈二十四節気《にじゆうしせつき》〉である。

太陽暦の一年を二四等分して、立春に始まり大寒に終わる二四の名前をつけたのが二十四節気だ。春分の日に太陽が黄経〇度の点を通過するように決めて、節気と節気の間は一五度ずつだから、太陽暦である節気を基準にすれば農業も普通にできる。

また、日本では、立春から計算した節分、八十八夜《や》、入梅《にゆうばい》、半夏生《はんげしよう》、二百十日《とおか》、二百二《は》十日《つか》など、経験的に決めた雑節《ざつせつ》も補助的な太陽暦として農業の役に立っていた。たとえば、八十八夜はグレゴリオ暦では五月はじめで、この前後にタネ播《ま》きをするとか、「八十八夜の別れ霜」などといって、八十八夜前はまだおそ霜がおりる可能性があることを警告するのに使った。二百十日と二百二十日、つまり立春から二一〇日目と二二〇日目、九月一日から十一日あたりは台風が来ることが多いので、厄日《やくび》になっていた。

東アジア向けのこよみ

また、中国式の太陰太陽暦では、前項に書いたように、正月が春の始まりである立春前後になるように作ってあった。東アジアの農漁村ではその頃がもっともひまな季節だったからだ。ところが、グレゴリオ暦の一月一日は、キリスト教の復活祭が春分後の満月直後の日曜日になるように決めてある。もともと、日本人の生活のつごうとは関係なしに、カトリックの祭日に合わせて作ったこよみだから、日本や中国の農村はまだ忙しい季節で、ゆっくり休んでいられない。

そこで、農業が今よりはるかに盛んだった一九六〇年代の農漁村では旧暦が生きていて、私がかつて経験したように、二月の旧正月を本格的な正月として祝うのが普通だったし、本家の中国ではまだそのままの状態が続いている。韓国でも、旧正月は祭日になっているそうだ。

中国人にとっては、自分たちの先祖が考え、古代から改暦をかさねながら使い続けてきたこよみは、わが国のように、基本的には借り物にすぎない太陰太陽暦やグレゴリオ暦と違った重みがあるのだろう。

ただし、二十四節気は太陽の位置によって決まる太陽暦だから、太陰暦の一月一日が必ず太陽暦の立春になるようにすることはできない。太陽と月は歯車のかみ合わせのようにきちんと連動しているのではないからである。

複雑な太陰太陽暦

手元に、数年前に中国で買った『陰陽干支万年暦』という本がある。本といっても数表のようなもので、一九〇〇年から二〇五〇年までの公元（西暦）と農暦を対照させた便利なこよみだ。

これで見ると、最近では、一九八一年の立春は翌日が旧元日で一日のずれだった。一九九〇年は、旧元日がグレゴリオ暦一月二十七日、立春が二月四日で八日のずれ。翌一九九一年は、立春が二月四日で旧元日は二月十五日だから、一一日ずれている。二十一世紀に入ると、二〇〇三年は、旧元日が二月一日で立春が二月四日。三日のずれだ。

このように、旧元日と立春とはなかなか一致しないが、立春の前後ほぼ一〇日以内に入っているので、年による気候の変動幅を考えれば、農閑期に正月を迎えるという目的にはこの程度で充分だった。

公元 1997 年　　　　农历丙子丁丑年　属鼠牛

公元日期	1月 十二月辛丑			2月 正月壬寅			3月 二月癸卯			4月 三月甲辰			5月 四月乙巳			6月 五月丙午		
	农历节气	干支节日	星期	农历节气	干支节日	星期	农历节气	干支节日	星期	农历节气	干支节日	星期	农历节气	干支节日	星期	农历节气	干支节日	星期
1	廿二	癸卯	三	廿四	甲戌	六	廿三	壬寅	六	廿四	癸酉	二	廿五	癸卯	四	廿六	甲戌	日
2	廿三	甲辰	四	廿五	乙亥	日	廿四	癸卯	日	廿五	甲戌	三	廿六	甲辰	五	廿七	乙亥	一
3	廿四	乙巳	五	廿六	丙子	一	廿五	九九	一	廿六	乙亥	四	廿七	乙巳	六	廿八	丙子	二
4	廿五	丙午	六	**立春**	**六九**	二	廿六	乙巳	二	廿七	丙子	五	廿八	丙午	日	廿九	丁丑	三
5	**小寒**	丁未	日	廿八	戊寅	三	**惊蛰**	丙午	三	**清明**	丁丑	六	**立夏**	丁未	一	**芒种**	**五月**	四
6	廿七	戊申	一	廿九	**除夕**	四	廿八	丁未	四	廿九	戊寅	日	三十	戊申	二	初二	己卯	五
7	廿八	己酉	二	**正月**	**春节**	五	廿九	戊申	五	**三月**	己卯	一	**四月**	己酉	三	初三	庚辰	六
8	廿九	**三九**	三	初二	辛巳	六	三十	己酉	六	初二	庚辰	二	初二	庚戌	四	初四	辛巳	日
9	**土月**	辛亥	四	初三	壬午	日	**二月**	庚戌	日	初三	辛巳	三	初三	辛亥	五	初五	**端午**	一
10	初二	壬子	五	初四	癸未	一	初二	辛亥	一	初四	壬午	四	初四	壬子	六	初六	癸未	二
11	初三	癸丑	六	初五	甲申	二	初三	壬子	二	初五	癸未	五	初五	癸丑	日	初七	甲申	三
12	初四	甲寅	日	初六	乙酉	三	初四	癸丑	三	初六	甲申	六	初六	甲寅	一	初八	乙酉	四
13	初五	乙卯	一	初七	**七九**	四	初五	甲寅	四	初七	乙酉	日	初七	乙卯	二	初九	丙戌	五
14	初六	丙辰	二	初八	丁亥	五	初六	乙卯	五	初八	丙戌	一	初八	丙辰	三	初十	丁亥	六
15	初七	丁巳	三	初九	戊子	六	初七	丙辰	六	初九	丁亥	二	初九	丁巳	四	十一	戊子	日

公元日期	1月 十二月辛丑			2月 正月壬寅			3月 二月癸卯			4月 三月甲辰			5月 四月乙巳			6月 五月丙午		
	农历节气	干支节日	星期	农历节气	干支节日	星期	农历节气	干支节日	星期	农历节气	干支节日	星期	农历节气	干支节日	星期	农历节气	干支节日	星期
16	初八	戊午	四	初十	己丑	日	初八	丁巳	日	初十	戊子	三	初十	戊午	五	十二	己丑	一
17	初九	**四九**	五	十一	庚寅	一	初九	戊午	一	十一	己丑	四	十一	己未	六	十三	庚寅	二
18	初十	庚申	六	**雨水**	辛卯	二	初十	己未	二	十二	庚寅	五	十二	庚申	日	十四	辛卯	三
19	十一	辛酉	日	十三	壬辰	三	十一	庚申	三	十三	辛卯	六	十三	辛酉	一	十五	壬辰	四
20	**大寒**	壬戌	一	十四	癸巳	四	**春分**	辛酉	四	**谷雨**	壬辰	日	十四	壬戌	二	十六	癸巳	五
21	十三	癸亥	二	十五	**元宵**	五	十三	壬戌	五	十五	癸巳	一	**小满**	癸亥	三	**夏至**	甲午	六
22	十四	甲子	三	十六	**八九**	六	十四	癸亥	六	十六	甲午	二	十六	甲子	四	十八	乙未	日
23	十五	乙丑	四	十七	丙申	日	十五	甲子	日	十七	乙未	三	十七	乙丑	五	十九	丙申	一
24	十六	丙寅	五	十八	丁酉	一	十六	乙丑	一	十八	丙申	四	十八	丙寅	六	二十	丁酉	二
25	十七	丁卯	六	十九	戊戌	二	十七	丙寅	二	十九	丁酉	五	十九	丁卯	日	廿一	戊戌	三
26	十八	**五九**	日	二十	己亥	三	十八	丁卯	三	二十	戊戌	六	二十	戊辰	一	廿二	己亥	四
27	十九	己巳	一	廿一	庚子	四	十九	戊辰	四	廿一	己亥	日	廿一	己巳	二	廿三	庚子	五
28	二十	庚午	二	廿二	辛丑	五	二十	己巳	五	廿二	庚子	一	廿二	庚午	三	廿四	辛丑	六
29	廿一	辛未	三				廿一	庚午	六	廿三	辛丑	二	廿三	辛未	四	廿五	壬寅	日
30	廿二	壬申	四				廿二	辛未	日	廿四	壬寅	三	廿四	壬申	五	廿六	癸卯	一
31	廿三	癸酉	五				廿三	壬申	一				廿五	癸酉	六			

河北人民出版社発行の『陰陽干支万年暦』
1900～2050年のグレゴリオ暦と農暦を併記した暦本。中国では、まだ太陰太陽暦が生活の中に生きている。

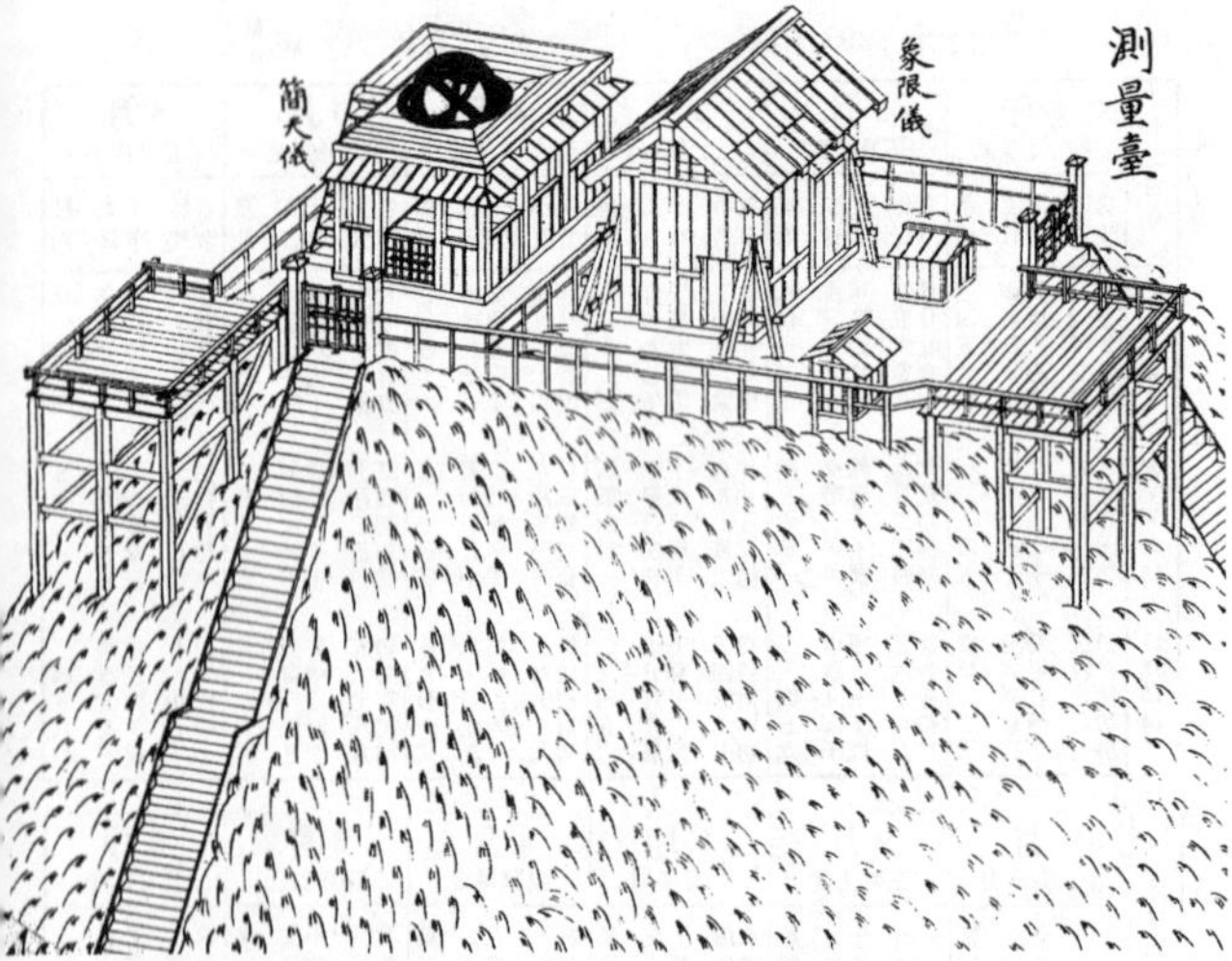

江戸・浅草の鳥越にあった幕府の天文台
こよみはここでの観測によって幕府の専門家が編纂した。
『寛政暦書』より

それにしても、月齢によって日を知り、節気によって季節を知る太陰太陽暦は、かなり複雑で天文学的な要素の強いこよみだった。グレゴリオ暦のカレンダーなら、元旦の曜日と、二月が二十八日か二十九日かを教えれば小学生にでも作れるが、太陰太陽暦のカレンダーは、かなり専門的な知識なしには作れない。

江戸時代は、こよみの製作は幕府の管轄だった。といっても、幕府に印刷所があって刊行したという意味ではない。徳川幕府は近代政府のように大勢の官僚を抱えておらず、金貨や銀貨の鋳造まで民間に下請けさせていたほどの超小

旧正月は、収穫が終わった農閑期だったので、しばらくの間のんびりして骨やすめができた。『北斎漫画』より

伊勢暦（文政５年・1822）の最初の部分

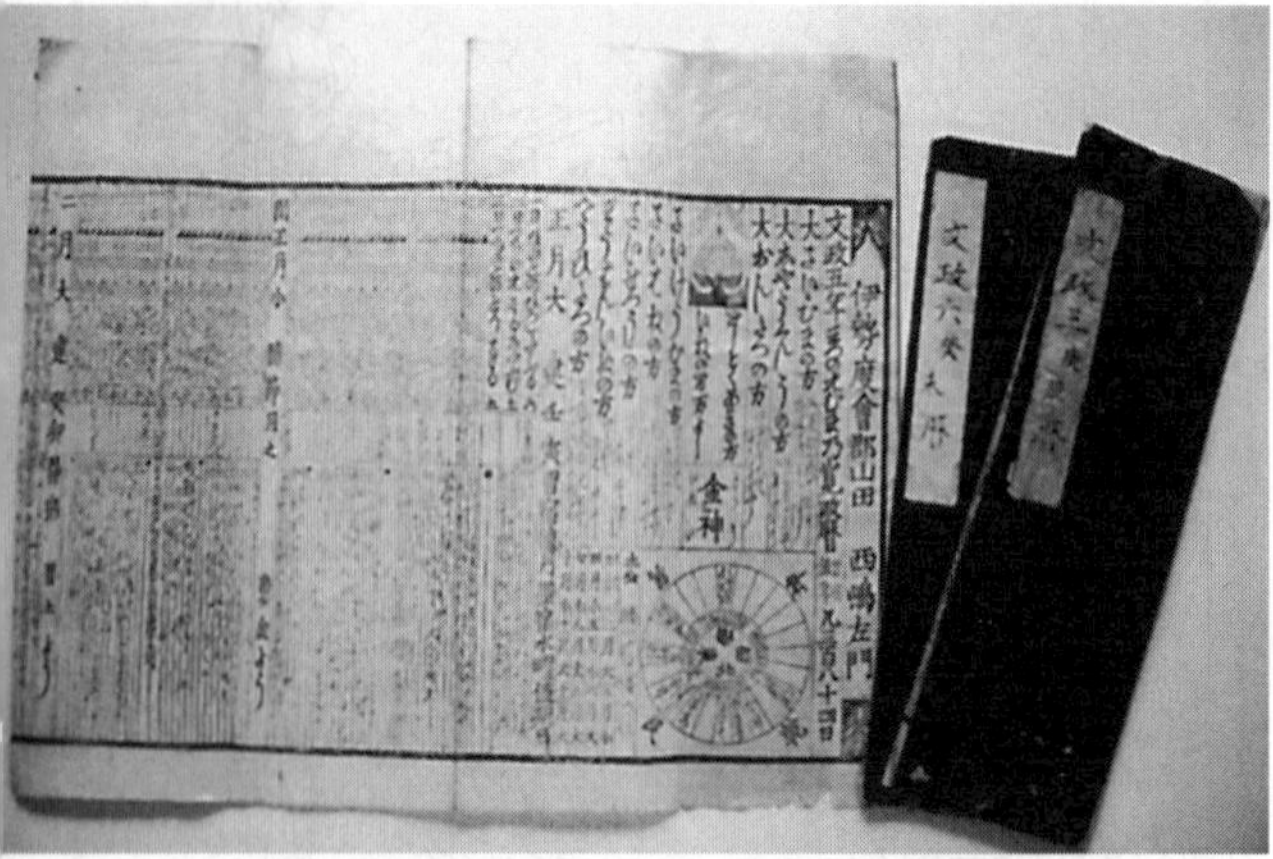

型政府だったから、自前の印刷所など持っているはずがない。てんでんばらばらのこよみを発行されると困るので、幕府の天文方《てんもんかた》の暦学者が計算して作った原稿通りの内容でないと印刷して販売することを許可しなかったというだけで、考えるまでもなく当然である。

実際に印刷刊行するのは民間の業者まかせだったが、もっとも有名なのが『伊勢暦《いせごよみ》』だった。これは、伊勢の山田の暦業者が刊行した暦で、伊勢の御師によって全国的に普及したからだ。御師は布教するための祈禱者《きとう》だが、信者に対して伊勢神宮のおふだといっしょに暦も配ったのだ。〈御師〉は一般に、おしと読むが、伊勢の場合は、おんしと発音する。

いずれにせよ、太陰太陽暦の旧暦はかなり複雑で、今のような生活をしている限り、かっての不定時法と同じようにまったく実用性は乏しい。年間一人当たり四〇〇〇万キロカロリーのエネルギーを使って成り立っている現在の輝かしい文明社会では、旧暦は電灯の前の行灯のようにほとんど価値がないし、こういう生活がいつまでも続けられるのなら、古めかしい太陰太陽暦など振り返る必要は何もない。

実際、伝統的な価値など無視するどころかケチをつけまくって壊滅させた方が、国家が発展しやすく海外進出という名の侵略もしやすかった時代には、旧暦に対して徹底的な批判が行われた。

旧暦に対する批判

人類は時間がたつほど進歩して賢くなるから、古い方法にすぐれた部分があるはずがない、というのが、いわゆる進歩主義の発想だ。特に明治維新以後のわが国では、西洋式の技術を尊重するあまり、伝統的な方法を徹底的にばかにした。清潔だった日本が、ごみの捨て場もない汚染大国となりはてたのは、伝統無視の発想で目先の利益だけを求め続けた結果なのである。

同じような発想で、旧暦つまり太陰太陽暦に対しても、かなり手きびしい態度をとる知識人がいた。しかも、その議論は、部分部分についてては反論の余地もないほど理路整然としていた。

『暦と迷信』（鈴木敬信　昭和十六年・一九四一　恒星社）という本の「旧暦のご利益」という章の旧暦批判が良い例なので引用してみよう。

まず、二十四節気については、「現在使用している太陽暦に二十四節気や雑節など記す必要は少しもない。記してあるのは蛇足《だそく》である」という。蛇足とはよけいなことという意味で、グレゴリオ暦はほぼ完全な太陽暦だから、太陰太陽暦のために必要な二十四節気はむだだといっているのだ。二十四節気も太陽暦だから、それをグレゴリオ暦に記入するのは重複になる。少しでもよけいなことをするのは科学的にむだだというのならその通りで、反論の余地はない。

だが、この主張には、立春、春分、清明、穀雨《こくう》、立夏、夏至、小暑《しょうしょ》、立秋、白露《はくろ》などという美しい言葉をこよみに書き込んできた伝統に対する愛着も尊敬の気持もまったく欠けていて、いうなれば、都道府県名や町名を廃止し、郵便番号と番地だけにせよという「科学的で合理的な」発想のようなものだ。

９８０、４２０と書けば郵便が届くのだから、面倒な漢字を覚えて仙台だの静岡だのと書くのは蛇足である。さらに徹底してすべてをモールス符号で書くことにすれば、デジタル時代とやらにふさわしく、・《トン》と——《ツー》の二つの記号だけを覚えればすむから、数字も文字も蛇足になるではないか。

潮干狩り
潮の干満の差が大きい時、つまり大潮は、旧暦の１日か15日前後になるので、潮干狩りの日は、こよみを見て決められた。
『紀伊国名所図会』より

旧暦は漁民にとっても便利だという説に対する反論は、「漁師にとって大切なのは、潮汐《ちょうせき》（潮の干満）であり、暦そのものではない（中略）潮汐は幸いにして旧暦の日付と大体一致しているので、漁師は旧暦を有難がるというわけである。そこで、漁師に毎日の月齢さえ教えてやる方法があれば、あえて旧暦を使う必要はない。（そのためには）太陽暦の一隅に月齢を書き込んでおけば足りる」

これも、まさに原理的にはその通りだが、やはり、地名を廃止して郵便番号にせよという発想に似ていて、理路整然としているものの、著者の鼻持ちならない自己主張と自分の習った学問に対する自信ばかりが目立ち、伝統的な方法で、大した不便もなく暮らしていた人々に対す

グレゴリオ暦による正月は、まだ収穫後の農作業がかなり残っていて、忙しい時期だった。
『大和耕作絵抄』より

る思いやりがまったく感じられない。

こういうご高説を拝読していると、西洋文明に心酔した明治生まれの知識人たちが、伝統的生活にいちいち難癖《なんくせ》をつけて叩きつぶしてきた道すじがよくわかる。

グレゴリオ暦の正月の頃は、農漁村がまだ忙しいという意見に対しては、「すでに論議の的となっているので、太陽暦の良否適不適と何の関係もない」といい、ましてこのために旧暦を用いる方が良いというのは「心外《しんがい》の到《いた》りである」そうだ。行事についても、七夕《たなばた》だけが旧暦七月七日の宵《よい》にふさわしいだけで、あとは天文学的な意味はなく、旧暦でやろうがグレゴリオ暦でやろうが同じだといいきっている。

たしかに、桃《もも》の節句に桃が咲かなくても、菊の節句に菊が咲かなくても天文学には関係ない。人工的に温度や照明を加減すれば、いつでも桃や菊ぐらい咲かせられるが、伝統的な方法は欠点だけを探し、新しい方法は最初から欠点を無視してかかるこの種の合理主義的な見方をすれば、伝統的な方法の長所が見えなくて当然だ。

しかし、たとえ、暦の専門家にとって「心外の到り」だったところで、当時の農村や漁村の人々が農業や漁業を旧暦の感覚で続けていたのは事実であり、近代合理主義者がどんな理屈をつけてお説教しようが、農漁民にとってはグレゴリオ暦の方が不便だった事実に変わりはない。

旧暦を使って特に不自由なしに生きていた昭和三十年代頃までの農漁民にとって、グレゴリオ暦の正月は正月らしくなかったし、わざわざ月齢を書き込んだグレゴリオ暦のカレンダーを使う方が不合理でむだな二重生活にほかならなかったのである。

太陰太陽暦のカレンダーを使う

『暦と迷信』の著者は、当時のある有名な文学者が「旧暦を使ってみなくては旧暦の良さが理解できない」という意味の考えを述べたのに対して、「そんなに旧暦が好きなら、いっそのこと純粋な太陰暦を使い、月とともに起き月とともに寝れば良い」とまでいい切っている。

旧暦が純粋な太陰暦ではなく太陰太陽暦であることを充分に承知している天文学者としてこういう意見を書くのは、科学的な批判というより罵倒《ばとう》、あざけりに近く、とうていまともな議論とはいえない。伝統は悪であると信じているらしい著者の本音がちらりとのぞいたのではなかろうか。だが、こういう発想では、歴史を学ぶのもまったくむだなはずだ。

しかし、タイトルに『生活体験』と名づけた以上、私たちは、たとえ進歩主義者にばかにされても、実際に体験しないわけにはいかないので、田中さんと私は、平成七年（一九九五）度から実際に旧暦カレンダーを使い始めた。

このカレンダーは『陰暦カレンダー』で、大変よくできている。これまでの、グレゴリオ暦に旧暦をつけ足しただけの、「太陽暦の一隅に月齢を書き込んで……毎日の月齢だけ教えてやる」式の陰陽対照のこよみと違って、太陰太陽暦を主にして、月ごとに、一日から二十九日（小の月）、あるいは三十日（大の月）までの日付が大きく印刷してあり、グレゴリオ暦の日付が小さく併記してある。さらに面白いのは、月齢が月の形としてはっきりわかるように、青地に黄色の月が印刷してある点だ。

月の形といっても、毎月の一日は新月だから何もなく、十五日前後は満月で円形、月末の二十九日あるいは三十日はごく細い筋のような円弧が印刷してある。当たり前だが、月末が

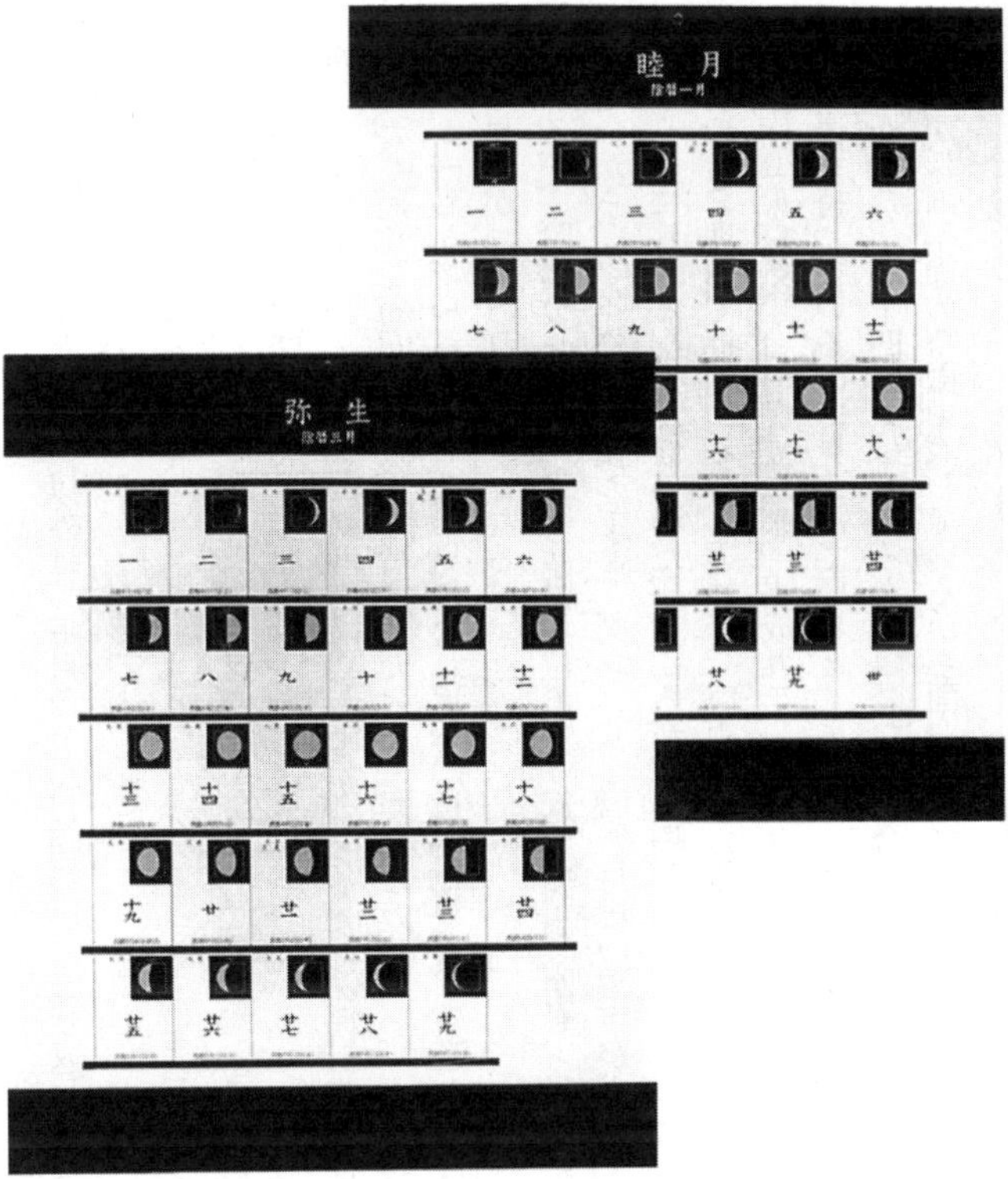

陰暦カレンダー
月齢の数字だけでなく、実際の月の形が描いてあるので、とてもわかりやすい。
(銀座・伊東屋)

二十九日か三十日かという点以外は、毎月ほとんど同じ形の繰り返しで、それだけに太陰暦の原理がわかりやすい。

さて、このカレンダーを使ってみて何か良いことがあったかというと、『暦と迷信』の著者のいわれる通りで、すべてがグレゴリオ暦にしたがって動いている合理的な工業社会の現代に生きる私にとって、特に利点はなかった。

前回の実験のように、定時法の世界で暮らしながら不定時法時計を使う試みも現実離れしているが、時刻は毎日の繰り返しであるだけにまだなじみやすい。不定時法では太陽の位置と時刻が一致しているから、その気になれば一〇日もたつと、書斎から外をのぞいただけで時刻の見当がつけられるようになる。

ところが、陰暦カレンダーは一ヵ月単位のくり返しで、しかも、月はいつも見えているわけでないから、半年ぐらい使っても、グレゴリオ暦と月日の数字がずれていると感じるほかはあまり身にしみる実感がないのだ。ところが、実際に二年以上にわたって使ってみると、ただ机の上の理屈で批判するのと違って、いくつかの発見があった。

気象庁（東京気象台）創立以来、平成九年（一九九七）まで一二二年間の東京の天気を集計した表を持っているので見比べていると、まず、二十四節気はかなり季節に合っていることがわかった。二十四節気はもちろん太陽暦なので合って当然といえば当然だが、節気を表す文字がほぼ季節の特徴を表しているから面白い。

一年中で平均最低気温が一度以下になる日は、一月二十一、二十二、二十三日の三日だけである。大寒が一月二十日だから、まさにこの節気の頃が寒さの底で、二月四日の立春は春のはじまりだということがよくわかる。

また、夏の暑さの頂点は八月六日から十二日までの七日間で、平均最高気温が三一・五度になる。ところが、立秋は八月八日なので、まさに最高気温のまっただ中。立秋以後の暑さを残暑という気持がよくわかるが、この頃から気温は下がり続ける。

立夏には最高気温が一〇度代から二〇度代へ上がり、立冬は一〇度代から一桁《けた》に下がる転換期にぴったりかさなっているから、古代中国で決めた二十四節気なのに、近代日本の気候の変わり目にもうまく合っているのは不思議なほどである。だからこそ、天文学者に「蛇足だ」と悪口をいわれながらも、生活の中に生きてきたのだろう。

太陰太陽暦の太陽暦部分である二十四節気はともかく、太陰太陽暦全体としてはどうだろうか。

まず、雪の少ない東京で雪が降るのは、旧正月の前後、大晦日から五日頃だということがわかった。一二二年間で雪が一三回以上降ったのは三回、二月三日―一三回、七日―一四回、十九日―一四回だけだが、本書のこの部分を書いていた時期の前後の旧暦元日は、平成七年（一九九五）がグレゴリオ暦一月三十一日で、二月五日に降った。平成八年は二月十九日が旧元日で、雪は二月十六日から十八日にかなり降った。平成九年は暖冬のため、東京では冬中一度も雪らしい雪が降らなかった。平成十年は、一月二十八日が旧元日だが、やはりあまり雪が降らず、ようやく三月に入って少し降っただけなので、平成五年にさかのぼって調べると、旧正月の一月二十三日に小雪、平成六年は、旧正月が二月十日だが、十二日に一〇年ぶりの大雪が降っている。

過去三〇年の気象統計による「比較的よくあらわれる天候の表」というのを見ても、雪が多いのは、一月三十一日、二月一日、二月十二日、二月十七、十八日となっている。どうやら旧暦の正月は、ホワイト・クリスマスならぬホワイト・ニューイヤーになる確率が高いらしい。やはり、旧正月は寒さの底、つまり冬の終わりで春の始まり。迎春《げいしゅん》の時季だということが感覚的によくわかった。

また、旧暦三月三日の節句は、グレゴリオ暦では、平成七年が四月三日、平成八年が四月二十日、平成九年は四月九日、平成十年が三月三十日、平成十一年が四月十八日となって、太陽暦で見れば最大二〇日ほどもずれる。西洋文化中心の進歩主義の立場では、旧暦の日付が太陽暦の日付つまり太陽の位置とずれる点をきびしく批判するのが正しい態度らしいが、一般庶民にとっては大して重要でなかった。

四月はじめなら、桜の盛りは関東以南だが、四月二十日なら桜前線はかなり北上している。つまり、関東以北でも、何年に一度かは本当の桃の季節に桃の節句を迎えられる。お節句も中央集権ではなく、いかにも江戸時代らしく地方分権的なのだ。そのことが悪いというのなら、どうぞご自由に悪口をいって下さいというほかない。

低エネルギー社会に適した旧暦

もちろん、正月にも節句にも科学的な意味などまったくないから、雪が降ろうが桃が咲こうがどうでもいいといってしまえばそれまでだ。エネルギーをふんだんに使って夜中でも昼間より明るくしたり、冬でも夏野菜を栽培したり、地球の裏側へ魚をとりに行ったりできれば、グレゴリオ暦や定時法の方が明らかに便利だからである。

しかし、人類の歴史上、今がきわめて特殊な状態であることを忘れてはならないし、こういう生活を標準として昔のやり方を批判するのは間違っているどころか、むしろ今の生活を反省するべきではないだろうか。

主に昨年度に収穫した植物と、手漕ぎの船で行ける範囲の海でとれる海産物で生活していた低エネルギー社会では、二十四節気による太陽暦の部分が太陰暦による日付と一致しない方が合理的で、一致しないゆえの複雑さが日本人の生活に多様性をもたらしていたのだ。

つまり、伝統的な生活では、旧暦の方が実生活に適していたからこそ、日本の歴史の大部分を通じて、先祖たちは旧暦を使って別に不自由なく暮らしていたのである。

旧暦は、日付を知れば月の明るさの見当がつけられるため、生産者でない都市の住人に

盆は７月15日だったので、満月の下で盆踊りができた。
『大和名所図会』より

とっても便利なこよみだった。

電灯もガス灯もない時代の月のない夜は、文字通り鼻をつままれてもわからないほど暗かったが、月が半月《はんげつ》になる十日から、満月の十五日をはさんだ二十日頃までの一〇日間なら、くもっていない限り月明かりで外を歩くことができる。夜の外出をなるべくこの期間に集中させれば、提灯《ちょうちん》用の蠟燭代つまり経費とエネルギーの節約になるため、昔は、帰りがおそくなる外出は、なるべく月の中頃に済ませた。

お盆の七月十五日も、明るい月の下で盆踊りができたから意味があったので、月おくれの八月十五日なら、高速道路が渋滞するだけだ。もちろん、お盆に科学的な意味がないからどうでもかまわない、という意見の人にとっては、どちらでもいいことだ

蠟燭

昔の蠟燭は、蠟の製造に非常な手間と時間がかかる高価なぜいたく品だった。『絵本吾妻の花』より

ろうが。

たかが蠟燭といっても、当時の蠟燭は製造に非常な手間と時間のかかる高価なぜいたく品で、蠟燭を燃やした時にできる溶けた蠟のしずくを買い集める〈蠟燭の流れ買い〉という商売まであるほどだった。しかも電灯とは比べものにならないほど暗い。

最大の夜間照明である月明かりを有効に利用するのは、わずかなエネルギーで生活していた昔の人にとっては充分な意味があったことを無視して、現代人がえらそうに太陰太陽暦を批判するのは、世間知らずの大金持の子供が、貧乏人の生活がみじめだといってあざけるのと似たような態度ではあるまいか。

旧暦を楽しく使う法

田中　優子

沖縄の駐留軍用地特別措置法改正案が通過したあと、沖縄独立論がさまざまに論じられるようになった。「さまざまに」というのは、眉間《みけん》にしわ寄せた議論だけでなく、「もし独立したら何をしたいか」と、楽しみながら語る人々もいるということだ。

この姿勢はすごい、と思った。はばかることなく何でもいえるようになったということでもあり、ユーモア精神が横溢《おういつ》しているのである。こういうユーモアは、苦しいときに何よりも必要なのだ。

いくつもの「もし……」の中に、「旧暦に戻そう」という案があったのが、とても面白かった。私も、できることなら旧暦つまり伝統的な太陰太陽暦で生活したいと思っていたので、もし沖縄が独立してこの案が実現したら、引っ越してしまいそうだ。

琉球《りゅうきゅう》王国はもちろん旧暦だったが、実質的にいつまで旧暦が残っていたのか、はっきりとはわからない。しかし、独立論といっしょに出てくるぐらいだから、本土よりずっと後まで残っていたのではないかと想像する。中国や台湾、朝鮮半島では、今でも新旧暦の二重生活をしている。韓国人の学生と話していたら、書類には満年齢と数え年を両方書き込むというし、誕生日も二回あるという。旧正月はもちろん、主な行事は旧暦で行っているそうだ。

私自身、中国で、旧正月を祝っている一家にまぎれ込んだことがあるし、旧暦の中秋名月の夜に、湖に船で繰り出した経験もある。そのころの月は澄みきった空気に輝いて、ほんとうに美しい。もっとも、日本でも中秋名月だけは旧暦八月の十五夜が晴れていれば、満月をテレビで放映したりするから、旧暦の感覚も痕跡《こんせき》程度には残っていそうだ。七夕も旧暦で祝えば、梅雨《つゆ》のさなかに空を見上げることはなくなる。もっとも、最近の都会では、晴れていても天の川などろくに見えないが……。

行事と旧暦

さまざまな季節の祭りがなくなり、若者人口が増えるにしたがって、歌や俳諧《はいかい》にも季語が乏しくなってきた。こうなったはじまりは明治五年（一八七二）の太陽暦（グレゴリオ暦）への変更だが、それよりも、明治政府による祝祭日設定の影響の方が大きかったと思う。

明治以前は、季節に応じた節句や祭りが人々の祭日であり、農村では村ごとに〈遊び日〉という祭りと休日を兼ねた休養日を設けていた。町でも、節句だからといっていっせいに休むわけではなかった。ほとんどの人が休日だと思って仕事を休む、あるいはひかえるのは、

(右) 正月
グレゴリオ暦の新年は、これから寒さに向かう季節だが、旧暦の正月は寒さの底でこれから暖かくなる。春の始まりだった。
『和漢三才図会』より

(下右) 七夕
グレゴリオ暦の7月7日は梅雨の最中だが、旧暦では真夏で、晴れの日が多い。
『和漢三才図会』より

(下左) 中秋名月
旧暦8月15日。『和漢三才図会』より

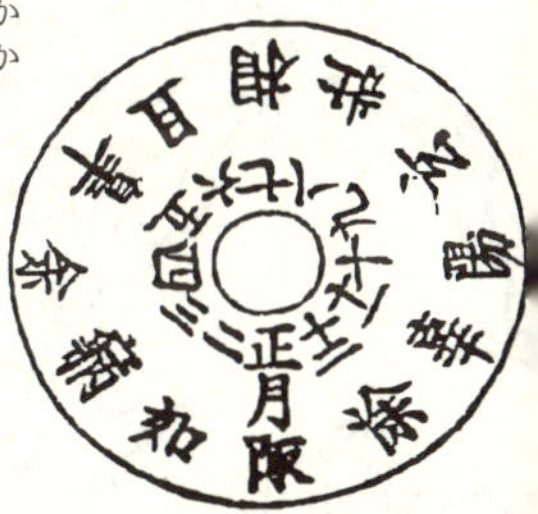

石投げ
端午の節句の行事の一つで、石打ち、菖蒲打ちともいう。男の子が二手に分かれて小石を投げ合った。『大和耕作絵抄』より

一年に二回、盆と正月だけだろう。盆と正月以外は、季節によって、村によって、店によって、そして人によって、適当に個性的に休日をとっていたのである。

明治時代になると、新政府は、天長節《てんちょうせつ》、神武《じんむ》天皇即位日、神嘗祭《かんなめさい》、新嘗祭《にいなめさい》と次から次へと国家の祝祭日を作った。しかし、これらはすべて天皇家の祝祭日で、少なくとも江戸時代までは庶民に無関係だったし、徳川家は、自家の記念日を庶民に押しつけたりはしなかった。明治政府は、まるで宗教教団のように国民を天皇家の日常に引き込んでいったのだ。名前こそ変わったものの、現在の祝日も国家による祝祭日設定の延長線上にある。

さらに、太陽暦採用によって、官僚たちの日曜休日、土曜半ドンが始まり、民間に普及していく。人々の休日まで中央政府が強制する全体主義的な国になれば、国民、特に都市住民が次第に季節感を失っていくのも当然だった。

近現代に比べた場合、江戸時代までの暮らしの特徴は、ひとつは〈自然の変化〉に沿っていることだが、もうひとつは〈個々の事情〉に沿っていることだ。極端にいうと、個性と自然が結びつき、制度や集団が二の次になっていた。旧暦は、まさにその個性と自然が展開する日常的な場だったのである。

たとえば、〈端午《たんご》の節句〉は、グレゴリオ暦なら六月上旬から中旬に相当する時期で、梅雨の頃であり、盛夏の入り口である。だからこそ、菖蒲《しょうぶ》などの薬草を採り、邪気を払う性質を利用して軒に吊《つ》るしたりする。夏は、害虫が発生したり疫病がはやったりする恐ろしい季節でもあるから、あらかじめ対策を講じたのだ。

一方、この日は〈女の家《おんないえ》〉といって、女性が仕事を休んでのんびりする日でもあった。すぐあとにやってくる田植えにそなえ、早乙女《さおとめ》たちが田の神を迎える忌《い》みごもりからさているのだが、実際は、激しい労働にそなえた休養だったのだろう。地域によって、意識するのはムカデや蛇《へび》やノミや病気であったり、石投げ合戦をやったりとさまざまだが、その中に、夏の恐ろしさや田植えの忙しさにそなえた緊張が見てとれる。

端午の節句
５月５日は〈こどもの日〉になってしまったが、旧暦では夏のはじめで厄除けの日だった。
『和漢三才図会』より

行事は現実生活そのものだからこそ、個々の事情に沿って行われたのだった。たまにしかない〈五月晴れ《さつきば》〉も、このうっとうしい季節だからこその喜びの表現であって、けっしてグレゴリオ暦五月の晴れた日を表現する言葉ではなかった。

季語を使うのもむずかしくなった。

日々の旧暦

月の形や雨の降り具合だけでなく、陰暦で生活すると季節の足音にいやおうなく敏感になる。そして、季節の変化が明らかに二十四節気に従って動いていることも、わかってくる。たとえば、一九九七年の場合、二月八日の旧元旦から三日、つまり旧正月三日にかけて、急に温度が上がって数日続いた。その後また寒くなったとはいえ、元旦以前とは比べものにならない。

まさに新春なのであり、暦と気候が数日の違いで合致している。

これは二十四節気でも同じだ。私は、立春二日後の二月六日、花粉症の症状らしきものを感じた。そのわずかな徴候が続き、一度雨の降った後、さらに症状が進んだ。こうして徐々に本格的になる。これは、花粉の飛ぶ量と気温の関係の変化が身体に影響を及ぼしているのだが、当然のことながら二十四節気に合っている。

東京では、二月中旬ごろよく雪が降る。これも春の到来を示す地域的な特色であり、節気でいえば雨水（二月十九日）前後だ。気象庁創立以来一九九七年まで一二二年間の記録を見ても、二月十六日から二十二日あたりは特に雨の日が多い。雨水とは、雪が雨に変わる時期をいい、東京地域では湿気が増してまず雪になり、次第に雨に変わってゆく。

節気はもともと中国で定めたものだから、日本ではズレがあるし、日本の中でも地域差がある。しかし、そのズレがわかってくれれば、なるほどと思う。一九九七年の場合、急に暖かくなった日は、立春の六日後だった。同様に、一九九六年十一月十三日、私は「非常に寒い」と記録しているが、それもやはり立冬の六日後だった。この時は二日間雨が降り、急に晴れると同時に突然寒くなった。冬型になったのだ。

その前に手帳に「雨、寒い」と書いたのは、九月三十日だった。この日は、秋分後七日目にあたる。その前、九月十二日には、春秋の季節の変わり目に出る鼻炎の症状が出はじめている。これは、白露《はくろ》の後六日目のことである。このような体調の記録は、風邪や鼻炎（花粉症）が頻繁になった二年ほど前からつけはじめている。体調に規則性が感じられたからだ。といって、書き込むときにいちいち陰暦カレンダーを見たりはしない。後から照合すると合っているのである。

また、寒がりの私が手帳に「寒い」と書くのは、自分でもおかしいと思う。夏の冷房でも寒いし、冬じゅういつも寒いのに、それをわざわざ記録するのは、明らかに変化を感じているからだ。驚いたのは、風邪の記録を照合したときだった。私は、暮れから正月によく寝込む。一九九六年は元旦から寝込み、同じ年の師走中旬にも寝込んだ。

そのとき、「今年はやけに早く風邪をひいたな」と思った。しかし、その二回を照合してみると、一九九六年の元旦は旧暦十一月十二日で、暮れに寝込んだのが旧暦十一月八日だから、旧暦ではたった三日の違いにすぎない。一九九七年の旧暦十一月十日はグレゴリオ暦十二月九日なので、これを当てはめて、十二月初旬には要注意と、警戒することができる。

人間の体調と旧暦に関係があるはずはないという意見もあるかもしれないが、生態が月齢に深く関係している動物は少なくないそうだ。旧暦の日付は月齢なのだから、人間だけが特別な生物であり、無関係だと考える方がおかしいのではなかろうか。

一九九七年グレゴリオ暦四月七日、東京地方は夕方から豪雨となった。この二日前の五日からずっと降っていた。五日は旧暦二月二十八日で、二十四節気の清明《せいめい》だった。清明というと、中国ではお墓参りやピクニックが盛んになる時期だが、昔はポロ競技や蹴鞠《けまり》もこの時期が盛んだったという。

舗装《ほそう》をしていない時代のこと、雨の降りやすいこの季節になると、地面が湿ってほこりが立たないからだ。ちなみに、この年はこの豪雨のあと快晴の日が続き、本当にピクニックにぴったりの季節になった。

生活に旧暦を取り入れる方法

こんな経験をかさねていたので、一九九六年春から暮れまでインターネット万博で毎日流していた『大江戸暦見聞録』という作品は、旧暦と二十四節気と月の形（月齢）で動くように作った。毎日、月の形が変わり、旧暦の日付が出るのである。節気の変わり目には江戸の風景が変わり、越後屋に入ると、季節にふさわしい着物や櫛、かんざしが紹介され、中村座に入ると季節の芝居を上演している。

もし、今の時代に起きている気象や気候と旧暦との関連を指摘できたら、もっとリアリティがあったかもしれない。いつでも旧暦がのぞけて、旧暦現象の情報交換ができる〈旧暦ホームページ〉があれば、コンピューターを通して季節に敏感になる、という不思議な経験ができる。

個人的に旧暦生活を送ることは誰でもできる。カレンダーだけでなく、旧暦手帳が売り出されるのを待って、空気の変化や体調の変化をメモすれば、宇宙と身体がつながっていることをすぐ実感できるはずだ。もちろん、自分の手帳に旧暦の日付と二十四節気を書き込むだけで、旧暦手帳を作ることもできる。

旧暦で行事を祝うのもいい。旧暦九月九日の重陽《ちょうよう》節句つまり菊の節句は、残暑のころではなく十月の後半だから、本当に菊が咲き、身体が寒さへの準備をしている時期だと気づくだろう。

旧暦で考えると、冬至がひじょうに重要な祭りなのだと実感する。冬至は日中の時間がもっとも短くなる日なので、古代から危機感を感じる時期だったのだろう。各地で太陽復興の祭りが見られる。神の子が各地を巡回して新たな生命力を与えるという神話は多くの土地にあり、日本ではこの神を大子《おおいこ》といい、西欧ではサンタクロースという。つまり、クリスマスはキリストが生まれた日ではなく、冬至の祭りなのだ。

重陽の節句
日本ではすたれてしまったが、旧暦９月９日はいわゆる菊の節句で、菊酒を飲むなど独特の祝い方をする。
『和漢三才図会』より

日本ではこの日を演劇の起源と考え、江戸時代から歌舞伎の〈顔見世《かおみせ》〉興行が行われている。なぜ演劇の起源かというと、アマテラスが天《あま》の岩戸《いわと》の中にこもったので、アメノウズメが樽《たる》を踏みならし、大いに踊ってアマテラスを誘い出したからである。これにちなんで、江戸の芝居町では旧暦十一月一日を芝居の世界の元日として大騒ぎをした。

歌舞伎は、太陽を復活させる祭りでもあったのだ。

冬至は、クリスマスの起源で、世界中の人々が太陽を呼び起こす祭りをしていたことを知れば、クリスマスも大切な冬至祭として、新しい祭日になるかもしれない。

火打ち石で火をつける

石川　英輔

火打ち石と火打ち金

われわれの生活は水と火を使わずには成り立たないが、水はともかく、最近の日本では人が火を直接扱うことがめったになくなった。ガス器具も自動点火式になったため、マッチを擦《す》って火をつけた経験さえない子供が多いそうだ。そのマッチさえなかった江戸時代までは、〈火打ち石〉という石を鉄に打ち合わせて出る火花で火ダネを作った。火打ち石は、〈燧石〉と書くのが正式かもしれないが、ここでは火打ち石の字を使う。

今回の体験は、火打ち石を使った着火である。火をつけるという単純な作業でも、実際にやってみると、想像していたのとかなり違うことがわかる。昔の生活を知るのは本当にむずかしいものだ。

火打ち石は石英質の固い石だが、着火に使うためには周囲を割って鋭い角を作っておく必要がある。火打ち石を打ちつける鉄は〈火打ち金《がね》〉といって、木の把手《とって》に鋼鉄をはめ込んだ道具を使う。この鉄板の部分が半円形に近い形をしていて草などを刈る鎌に似ているため、〈火打ち鎌《がま》〉と呼ぶ場合もある。

　今では、火打ち石や火打ち金は実用品ではないが、宗教的な清めの目的で使うことがあるから、神棚《かみだな》などを扱っている店にある。私は、京都の伏見《ふしみ》稲荷《いなり》神社前にある神具店を兼ねたおみやげ店で買ったが、昔の絵にあるのと同じ品物で、同じように使える。

火打ち石で火をつける手順

　火打ち石で火をつけるためには、いうまでもなくガスの自動点火やマッチとは比べものにならないほど複雑な操作が必要だが、道具をちゃんと揃えて実験してみると、三段階の作業で思ったよりかんたんに火が作れた。順調にいけば、三〇秒以内に小さな炎ができるのだ。三段階の作業の手順は、次の通りである。
①火打ち石と火打ち金を打ち合わせて、火花を〈ホクチ〉の上に落とす。
②ホクチの上に落ちた火花が燃えついたら、口で吹いて火をおこし、火ダネを作る。
③火が赤くおこった面積が一～二センチ四方ぐらいになったら、〈付木《つけぎ》〉を押しつけると燃え上がる。
　それぞれの作業やホクチ、付木などについては、次の項でくわしく説明する。

火打ち箱
向かって左の狭い部分に火打ち石、火打ち金、付木を入れる。右側の広い部分にはホクチを入れ、ふだんはふたをしておく。

火打ち石と火打ち金を打ち合わせた時に出る火花は、固い石にぶつかった衝撃で融けて飛び散った鉄なのだ。鋼鉄の融点つまり融ける温度は、一五三五度だから、それ以上の温度になっている。鉄がそうかんたんに融けるものかと思うが、硬い火打ち石の鋭い角と火打ち金の鉄板の角がぶつかる時に両方が接触する面積は非常に狭いため、ちょっと力を入れるだけで、面積当たりにすればかなり大きな力が加わる。

その圧力によって鉄の表面温度が上がると同時に、硬い石によって削られて飛び散るのだ。鉄をグラインダーで削る時に、火花がまるで花火のように飛び散るが、あれも同じ現象だ。ただ、グラインダーは火打ち石よりはるかに高速度で鉄を削るため、大量の鉄が溶けて派手に火花が飛び散るのである。

飛んだ火花を白い紙の上に落として顕微鏡で見れば、きれいな球形をしたごく小さな黒い粒が見える。真っ赤に融けた鉄は液体だから、空中へ飛び出すと球形になり、すぐに冷えて球形のまま固まって下に落ちる。紙の上に落ちた瞬間の鉄はまだ数百度の温度を保っているが、小粒なので紙を燃やすほどの熱量はない。

火打ち石で火をつけるというだけあって、火打ち金は普通の鋼鉄でいいが、石は、石英や玉髄《ぎょくずい》のような硬くて鋭い角のできる石を使わないと火花が出ない。やわらかい石を使うと、鉄が石に食い込んでしまって接触部分の面積が広くなり、充分な圧力がかからないばかりか、鉄が削れないからである。

実際にやってみると、鉄より石の質の方が重要で、充分硬い石の鋭い角に打ちつけないと、うまく火がおこせないことがよくわかる。

ホクチと付木と火打ち箱

火花が一五〇〇度以上の高温になるといっても、一粒の火花の体積はあまりにも小さくごくわずかな熱量しかないから、紙さえこげない。火ダネを作るためには、紙よりずっと燃えやすいものの上に火花を落とす必要がある。

そのために使うのが〈ホクチ〉で、漢字では火口と書く。ホクチは燃えやすくなくてはならないが、大きく燃え上がったり、火薬のように爆発的に燃えたりしては危険だから、炭火のようにゆっくり赤くなるような燃え方をする材料を使う。

昔は、実にさまざまな材料で作っていたらしいが、私は漢方薬店で一〇〇匁《もんめ》（三七五グラム）千数百円で売っている安いモグサで作った。モグサとは、ヨモギの葉に生えているこまかい毛を集めたもので、綿のような手触りだが黄色くもろい。

ホクチの作り方はかんたんで、ふたつきのブリキカンにモグサを入れてガスコンロにかけ、蒸し焼きにするだけだ。酸素の少ない状態でモグサを焼くと、炭素だけが残っていわばモグサの炭になるので、原理としては炭焼きがまで木炭を焼くのに似た操作である。加熱する時かなり煙が出るため、屋内で作ると家中がいぶってしまう。私は、ガスボンベ式のコンロを庭に持ち出して作った。

炭とはいっても原料がモグサだけに固くはなく、真っ黒でふわふわしたもろい物質である。こうして作ったホクチは低い温度で火がつくが、炎を上げて燃えることはなく、小さな炭火のような状態だから、そのままでは薪などに火をつけられない。

燃え上がる炎を作るために使うのが〈付木〉である。付木は一ミリぐらいの厚さにそいだ木の板の端に硫黄《いおう》を溶かして少しだけつけたもので、敗戦後のマッチ不足時代には、東京の町中でも売っていたのを覚えている。作り方そのものはかんたんだが、少量を作るのは面倒なので、富山《とやま》第一高等学校の戸田一郎先生がお作りになったのを少し分けていただいた。これは、餅などを包むうすい経木《きょうぎ》の切れ端の一端に硫黄をつけたもので、とても火がつきやすい。

①ホクチを作るには、ふたのできるブリキカンにモグサを入れて蒸し焼きにする。かなり煙が出るから、戸外でやった方がいい。

②ふたをしてコンロに点火する。すぐにふたの間から煙が出始める。

③完全に煙が出なくなってから火を止め、冷えてからふたを開けると、真っ黒なホクチができている。

付木師
右の男が木をうすくそぎ、左の男がその先端を硫黄を融かした器につけて付木を作る。中央の女性が、できた付木をたばねている。
『今様職人尽百人一首』（八木敬一氏提供）より

硫黄は、一一〇度代の温度で融け、二三二度で発火する。火のついたホクチの温度は二五〇度かそれ以上はあるから、付木を押しつけると硫黄が融けて燃え上がる。硫黄の火は、すぐに木の部分に燃え移って、普通のマッチなみの炎になる。

さて、火打ち石、火打ち金、ホクチ、付木が揃ったから、これでもういつでも火をつけられるが、私はさらに、これらの火打ち道具を一まとめに入れる火打ち箱を準備した。

火打ち箱は、古い照明器具のコレクションには必ず入っているし、昔の道具の写真集などでも見ることができるが、特別なしかけではない。ホクチを入れる部分と、火打ち石・火打ち金・付木のセットをしまっておく部分に分かれた木製の箱である。ホクチの部分には、消火用の木のふたがついている点だけが普通の箱と違っている。私は木工が苦手なので、指物《さしもの》師《し》に作ってもらい、一個は道具一式を入れて田中さんに渡した。

火打ち石で火をつける

これだけ揃えば、いつでも火をつけられる。着火の方法は、人によってやりやすい方法がいくらか違うかもしれないが、私は次のようにしている。

①火打ち箱のホクチの上に火花を落とすため、ホクチの真上で火打ち金と火打ち石を打ち合わせる。打ち合わせるといっても、目的は火打ち石で鉄を溶かした火花をホクチの上に落とすことだから、上下に擦り合わすように当てなくてはならない。

火打ち金には木製の把手がついていて、不定型の石よりも持ちやすいから、火打ち石を左手に持って動かさないようにし、右手に持った火打ち金を上から下へ打ちつける方がやりやすい。しかし、一定の決まりがあるわけではなく、左右反対に持っても、石を動かして火打ち金に当ててもいい。火花を出しやすいようにやればいいのである。

うまくやれば火花が出て、ホクチの上に落ちる。

②小さな火花なら、落ちるとすぐに消えてしまうが、ある程度以上の大きさの火花がホクチの上に落ちると、しばらく赤いまま消えないでいるから、すぐに口を近づけて息を吹きかける。あまり強く吹くとホクチが飛び散ってしまうので、赤い火の部分がゆっくり燃え広がるまで口をすぼめて静かに吹き、火ダネとして使える一センチ四方以上に広がったら吹くのをやめる。

③火ダネの中心に付木の硫黄の部分を軽く押しつける。すぐに硫黄が融けて煮え立ち、青い炎が上がる。この時、刺激性の亜硫酸ガスが出て臭いので、吸い込まないように気をつける。

④硫黄が燃えた炎はすぐに付木の木の部分に燃え移って、普通のマッチに火がついたのと同じような状態になる。

⑤この火を古新聞などのたきつけに移して大きな炎を作れば、着火は完了する。ホクチの火ダネは、上にふたをのせれば一分ぐらいで酸素不足になって消える。

こう書くとかんたんだし、実際、条件が良ければ、すぐに付木が燃え上がる。思ったよりかんたんな作業だが、実験してみるといろいろ面倒なことがある。

①ホクチの上で、火打ち金に火打ち石を打ちつける。右下に火花が飛んでいる。

②火花が落ちてホクチに点火すると、その部分を吹いて火ダネとする。

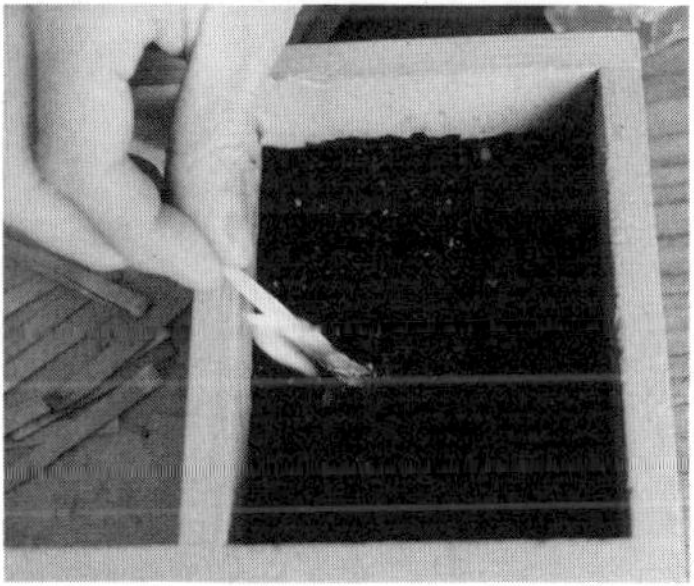

③火ダネとなった部分に付木の先端を押しつけると、間もなく炎が上がる。

火打ち石による着火の面倒さ

マッチを擦って火をつけるのは、要領さえわかれば小学生でもできる。自動点火のガスなら、調教次第では、猿はもちろん犬でも火をつけられるだろう。しかし、火打ち石で火をつけるのは、小学校低学年の子供にはむりだと思う。

昔の人も、やらずに済めばやりたくなかったらしく、寝る前に、囲炉裏《いろり》や火鉢《ひばち》の灰の中に炭火の残りなどを埋めておいて、翌朝の火ダネとするのが普通だった。また、誤って火ダネを消してしまった場合には、隣近所へ借りに行ったりした。慣れていた昔の人にとっても、火打ち石で火ダネを作るのは面倒くさく、なるべくやりたくない仕事だったようだ。

面倒くささの第一は、石の鋭い部分と火打ち金の角をうまく当てるのにちょっとしたコツがいる点である。使うたびに火打ち石の角は欠けて、火打ち金はすり減って次第になめらかになるため、使っているうちに、一打ちで削れる鉄の粒子が小さくなる。つまり、大きな火花を飛ばせられる良い場所が少なくなって、ホクチに火のつく大きな火花が出にくくなる。こうなると、火打ち金を鉄やすりで削って角を作る、あるいは、石を金づちで割って鋭い角を作りなおした方がいい。

第二は、ホクチの燃えやすさが一定していない点だ。ホクチは炭の一種だから、赤く燃えたあとは白い灰になる。灰は燃えないから、時々かきまぜないと火花が落ちても火がつきにくくなるし、しばらく使ったあとでは、新しいホクチを追加しなくてはならない。湿っていれば、もちろん火がつきにくい。

第三は、付木の硫黄が燃える時、亜硫酸ガスが出る点だ。戸外や昔の農家のように広い室内ならいいが、狭い室内でやるとしばらくは強い臭気が抜けないばかりか、ガスを吸い込めば咳き込んでのどが痛くなる。私は、来客に実験して見せる時、付木の説明をしてから普通のマッチをホクチの火ダネに押しつけて火をつけることにしている。

要するに、火打ち石で火をつけるのは、むずかしい作業というほどではないにせよ、毎回微妙に違う条件に合わせるのが面倒くさいのである。火打ち石に比べると、マッチがいかに便利な文明開化の道具だったかが身にしみてわかる。江戸時代の人が見れば、マッチは驚異の高度技術だっただろうし、もしガスの自動点火を見れば、本当の魔法だと思ったのではなかろうか。

火打ち石着火のむずかしさ

前項で説明したように、火打ち石と火打ち金で火ダネを作るのは、道具さえちゃんと揃っていれば単純な作業だが、石、金、ホクチを良い条件に保っておかないと火がつきにくい。

単純な作業なだけに、うまくいけばすぐに火がつくが、条件が悪いとなかなか火がつかず、いらいらする。むずかしいというほどではないにしろ、かなり面倒くさく感じるのは、そのためだと思う。

火打ち石で火をつける作業が、自動点火やマッチによる着火に比べて何倍ぐらい複雑かを、正確に比べるのはむずかしいが、ガスの自動点火とマッチ、火打ち石による着火をロボットにやらせる場合の制御装置を想像すれば、ある程度の比較ができそうだ。

自動点火といってもいろいろあるが、ボタンを押せば火のつく形式なら、ロボットを使う必要はない。自動点火装置そのものがいわば点火ロボットだから、別にロボットを始動させる命令を下すためのスイッチやボタンを押すぐらいなら、自分で直接自動点火装置のスイッチを押せば、一工程で火がつく。

マッチはどうだろう。マッチを擦って火をつけるためには、自動点火よりはるかに複雑な技術が必要で、犬を調教してマッチを擦らせるようにするのは、かなりむずかしいのではないかと思う。また、マッチ擦りロボットを作るためには、人がロボットの指に適当な角度でマッチを持たせたとしても、

①擦りつける強さ　②擦りつける速さ　③擦りつける長さ

の三つの作業工程を調節する必要がある。それぞれの段階で三段階の調節をすればなんとか火がつくとしても、3×3×3＝27　だから、最低でも自動点火の三〇倍ぐらい複雑な操

作をしなくてはならない。ところが、火打ち石による着火となれば、作業自体が複雑なだけに、必要な知識経験や手間の量は飛躍的に増える。

①火打ち石と火打ち金の角の鋭い点を見定めて打ち合わせて、火花をホクチの上にうまく落とし、②それを吹いて火ダネに育ててから、③付木に火を移して炎にするまでの技術の複雑さは、マッチを擦るのとは桁違《けたちが》いに複雑で微妙な調節が必要だ。

その複雑さを数値で示すのはむずかしいが、実際にやってみた感じからいえば、五倍から一〇倍ぐらい。少なくみても、マッチに比べて　27×5＝135　一〇〇倍以上もの複雑な操作をしないと小さな炎ができない。この数字を見ただけでも、昔の人ができるだけ火ダネを消さないように努力した気持が想像できる。

薪を燃やす

しかも、付木に小さな炎がついたからといって、それだけで湯を沸かしたり炊事ができるような大きな炎にはならない。レバーやツマミを調節するだけで、すぐに大きな強い炎ができる自動点火とは大違いだ。

もう一〇年ぐらい前になるが、近所で小学生と中学生のきょうだいが焚《た》き火をしようとしているのを見ていたことがあるが、百円ライターで古新聞に火をつけ、その上に大人の腕ぐらいの薪（たきぎ・まき）をのせるからすぐ消えて、どうしても燃え上がらない。太い薪は、数枚の新聞が燃える程度の熱量では発火しないからだ。

一五分ぐらいかけていろいろやっていたが、とうとう炎を燃え上がらせることができなかった。よほどやり方を教えようかと思ったが、わざわざよその家へ乗り込んで教えるほどのことでもないので放っておいた。

以前は、庭掃除で集めた落ち葉や枯れ枝、ごみなどで焚き火をするのは子供の役目だったが、都会育ちの自動点火世代では、焚き火のやり方さえ知らない子供がいることがわかって、たいへん興味深く思った。それだけ進化したのかもしれないが、北京原人にできたことができなくなっているのだから、退化しているといえないこともない。

それはともかく、火を焚いた経験のない若い読者のために、付木やマッチの炎で太い薪を燃え上がらせる手順を説明しておくが、今書いたように、小さな弱い炎でいきなり太い薪を燃やすことはできない。火を大きくするためには手順が必要なのだ。

まず、非常に燃えやすい紙屑《かみくず》などの燃料に火を移して燃やす。大きく燃え上がったら、もう少し火力がある細い枯れ枝のような燃料を上にのせて燃やす。最初に使うこういう燃えやすい燃料を〈焚《た》きつけ〉と呼ぶ。

焚きつけが勢いよく燃え始めたら、もう少し太い枯れ枝や端材《はざい》などを燃やし、充分に火力が強くなってから太い薪をのせれば燃え始める。こうして次第に薪の量を増やしながら強い

茶店のかまど　『絵本満都鑑』より

火吹き竹を吹く女性　『江戸名所図会』より

火炎を作るのだが、燃え上がる途中で酸素不足になると消えてしまうから、息を吹きかけて酸素を供給する。といっても、かまどでは顔を近づけて吹くと危険であり能率も悪いから、火吹き竹を使うのが普通だった。

これは、竹筒の一方を普通に切り、もう一方は節《ふし》の際《きわ》で節を残して切って、節の中心に小さな穴をあけただけの道具である。途中に節があれば抜いておく。節のない方に口を当てて吹くと、反対側の節の中心の小穴から空気が勢いよく吹き出して、火が燃え立つ。竹の長さを三〇センチぐらいにしておけば、火までの距離があるため、炎が燃え立っても顔に火傷《やけど》したり眉毛をこがしたりする心配はない。まことに簡単な道具なので、適当な竹さえあれば自分でも作れる。以前は、ごくありふれた家庭用品だった。

火鉢などに入れる炭火も、薪の場合とほぼ同じような手順でおこしたものだが、いずれにせよ、自動点火に比べればうんざりするほどの手間がかかるし、焚きつけや薪は天然物だから、同じようには燃えてくれない。手っとり早く湯を沸かそうとすれば、それぞれの条件に合わせて燃やし方を加減しなくてはならなかった。火打ち石で火ダネを作って薪を燃え上がらせるまでに必要な手数は、自動点火の数百倍に達するだろう。

かまどで枯れ枝や薪を燃やして炊飯した経験がかなり豊富なばかりか、火打ち石で火をつけることのできる私でさえ、今さら不便な伝統的生活に戻りたいとは思わない。

高度文明のもろさ

このように、昔ふうの火おこしは、便利さという点では自動着火の足元にも及ばないが、本当に欠点ばかりだっただろうか。

子供の頃、こういう笑い話を聞いたことがある。まだ電灯が普及していなかった時代の話ということになっていた。電気の来ていない山村から都会へ見物に来た人が電灯の便利さに感動して、電線とキースイッチのついたソケットと電球を買って帰り、わが家の天井にぶらさげてスイッチをひねったが、電灯がつかないのでがっかりしたというのだ。だが、はたして今の私たちに、この話を聞いて笑う資格があるかどうか、はなはだ疑問である。私たちはわが家に来ている電線やガス管の先がどうなっているのかほとんど知らないからだ。自分が使わない時は電気やガスのことなどほとんど思い出しもしないのに、スイッチやつまみを操作した時に、明かりや火がつくのは、空気があるのと同じぐらい当然だと思っている。

ところが、電気やガスをいつでも使える態勢にしておくためには、その後ろに膨大な設備と莫大《ばくだい》なエネルギーが必要なばかりか、消費者が使おうが使うまいが、すべての設備が生きて動く状態にしておかなくてはならない。そのために必要なバックアップ用のエネルギーの量をどうやって計算すればいいか、専門家にきいてもはっきり教えてもらえなかった。

しかも、そういう設備やエネルギーは、ほとんど全量が外国から輸入する原料によってできているから、いずれ何かの理由で石油をふんだんに使えなくなれば、このままの生活が続けられなくなることは明らかである。

石油の埋蔵量はまだ四六年分ぐらいあるそうだし、採掘技術は進歩するし新しい油田も見つかるだろうから、量は当分心配なさそうだが、いくら量があっても、環境への負担が大きくなるから、いつまでも好きなように使えるとは思えない。また、日本がいつまでも石油を安く大量に輸入し続けられるほど豊かであるとは限らない。

高度の文明とはいっても、その文明を支えているのは、われわれ個人の身についた知識や経験でないことはもちろん、自給自足のできる資源でもないことは明らかだ。これほど便利な生活ができるのは、けっして、自分たちが偉いからではなく、たまたま幸運にもこういう時期に生まれ合わせたからだということは、はっきり自覚しておいた方が安全だろう。

今の生活がいかに便利でも、その土台はきわめて不安定なのである。

生活知識がライフライン

これに対して、火打ち石で火をつけ、薪を燃やす生活は、実際にやってみなくてはわからないほど不便この上ないが、現代文明のようなもろさ、構造的な不安定さがない。

火打ち石と火打ち金を売る露店を描いた昔の絵を見ると、石は大きい塊をその場で適当な大きさに割りながら売っている。つまり、石は国内産の天然物で、産地には豊富にあったのだろう。

火打ち金だけは〈工業製品〉で、上州吉井宿（現・群馬県多野《たの》郡吉井町）などの専門職が作る有名ブランドが普及していたようだが、普通の鍛冶屋《かじや》でも作ろうと思えば作れる単純な鉄製品だ。ホクチや付木も専門の業者が作っていたが、ありふれた材料なので作ろうと思えば誰にでも作れる。

薪や木炭も、資源が枯渇《こかつ》する心配はなかった。江戸時代の日本は、人口が今の四分の一で、一人当たりのエネルギー消費は一〇〇分の一以下、しかも林業の発達した森林大国で、樹木の生長する量が薪炭《しんたん》としての消費量をケタ違いに上回っていたからである。つまり、昔は、自給自足できる資源と技術だけで火をおこせた。

今のわれわれは巨額の投資によってできた大規模で複雑な設備を使って炊事や暖房をしている。けっして不平をいわない召使であるこういう設備は大変便利だが、その代償として、林業までを含めた江戸時代のエネルギー産業とは比較しようもないほど膨大なエネルギーを使わなくては運営できない。

このように、現代の文明生活は工業に依存する完全な外部依存型で、何かの理由で電気、水道、ガスなどのいわゆるライフライン、命綱が切れてしまうと、日常生活そのものが成り立たなくなることを忘れてはならない。

一方、かまどで薪を燃やしていた江戸時代の生活は、見かけは古めかしいが、火打ち箱とあり合わせの燃料があれば、すぐに火をおこすことができた。いわば、住民一人一人の中に、生活知識という名の専用ライフラインが入っていたのである。そのためには、自動点火のガスコンロを使うのに比べて数百倍の経験が必要だったが、その代わり数百分の一のエネルギー消費で、江戸のような世界最大の都市さえ充分に運営できたのである。

使いたいだけの資源をいつでも外国から安く輸入できる時代がいつまでも続くのなら、過

火打ち石と火打ち金(鎌)の店
火打ち鎌は上州吉井宿製。石は大きな塊を割りながら売っている。『近世商買尽狂歌合』（八木敬一氏提供）より

民家の台所のかまど　『絵本江戸紫』より

去を振り返る必要などないが、今のような生活がいつまでも続けられる保証はまったくない。現代生活の便利さを自慢するのもいいが、たまには、自分の知識や経験の力だけで生きていた先祖の底力を思い出して尊敬してもバチは当たるまい。

船の上のかまど　『絵本江戸紫』より

火打ち石の体験

田中　優子

火を扱う過程

こんどの火打ち石の実験は、今までになくたいへんだった。

火をつけるとはこんなに厄介なことなのか、と驚いた。火打ち石を左に、火打ち金を右にもって何度も何度も日を分けて実行してみたのだが、さほどうまくはならない。火がうまくつく割合を数字で出そうと思ったのだが、それもできないくらい、成功不成功はまちまちだった。今日できても明日できるとは限らないというくらいに、実績にばらつきがあった。

火花も散らない場合と、火花は散るがホクチの上に落ちるほどにはならない場合とがある。私にとっていちばん大変だったのは、ホクチの上に落ちるぐらいの火花を散らすことだった。ホクチに火花が落ち着きさえすれば、あとは簡単なのである。口で吹けば火が赤く熾《おこ》るし、それを移した付木もマッチもよく燃える。ただし、付木の硫黄が燃える時にはかなり強烈な刺激臭があって、逃げだしたくなる。

いろいろな面で、やはりマッチは偉大な発明であり、ありがたいものだと思った。また、火打ち石で火をつけるには、マッチの一〇〇倍も複雑な作業が必要だという石川さんの説も納得できた。

伝承ということ

苦心のあげく、火打ち石でなんとかたまには火がつくようになったものの、依然として火花がうまく出たり出なかったりしてむらがあることに悩んでいた。そんなある時、母の顔を見ていたら、ひょっとしたら、母は火打ち石を見たことがあるのではないか、使ったこともあるのではないか、と思いついた。

そこで、母に火打ち石と火打ち金とを渡してみたところ、彼女はすぐに石を右手に金を左手に持って打ち始め、二、三回目にはホクチの上に火花が落ちていたのである。

実に驚いた。なにしろ、私は最初に火打ち石と火打ち金を渡された時、どちらをどちらの手に、どのように持つのかすらわからなかったのである。しかも、何度練習しても、なかなか火花が散らなかった。

母はやはり、幼い頃から、玄関で浄めのために火打ち石を打ち合わせるのを見ていたという。しかし、自分ではほとんどやったことがない。あるいは、親の代理でやったことがあるかもしれない」という程度の経験で、もちろん実際に火をつけたことはないそうだ。それでも、見ていたのと見ていないのは大きな違いで、母の記憶に刻み込まれた映像は、おそらく、火打ち石を扱う人の手の使い方から、身体の姿勢、力の入れ具合など、無意識のうちに多くの情報を含んでいるのだと思う。

水泳を習う人に、泳いでいる手足の動きが見える水中ビデオをあらかじめ見せて始めるのと、見せないで始めるのとでは、習得の早さに大きな差が出るという実験をテレビの記録番組で見たことがある。母の火打ち石の扱いを見て、そのことを思い出した。私がうまくならないいいわけのために書いているのではない。〈伝承〉とはどういうことかをつくづく考えさせられたのである。

伝承は「勉強する」のとは根本的に違うのだろう。私は、江戸時代のことを文献で学んでいる。言葉ではわかっていても、江戸人にとっては当たり前の作業だった火打ち石を打つことさえ、まともにはできない。ところが、文献など読んだことはなくても、自分で体を動かしたり、他人がなにかするのを見た経験があるだけで、人は自分の体をその方向へ動かすことも、想像力を働かすこともできるらしい。

もちろん、だからといって、そのことを言葉で論理的、歴史的に説明できるとは限らないが、身体や経験を通した理解は、本当に「理解する」上での重要な要素だと思う。私は江戸生活体験の大切さを、自分が火打ち石をうまく「扱えない」ことから、改めて学んだ。

左手に火打ち石とホクチを持ち、右手に火打ち金を持って火をつけている。昔の人は、こうしていとも簡単に火をつけて煙管を吸っていた。
『絵本和歌浦』より

火打ち道具一式
右から火打ち金、火打ち石、火打ち箱。付木が手前にあり、火打ち箱のふたが向こう側においてある。釣鐘形のは、瓦灯という照明器具。『さすの神子』（八木敬一氏提供）より

母が幼いころ見ていたのは、火打ち石で火をつける現場ではなく、浄めのための〈きりび（切火）〉である。火は穢《けが》れのない清浄なものなので、神を祭る時や供《く》物《もつ》を供《そな》える時に、火そのものを用いたが、やがて簡略化されて、きりびで代用するようになった。きりびは、神棚の前だけでなく、人を玄関から送り出す時にも、安全無事を祈願する浄めのおまじないとして行われた。今でも、歌舞伎役者や芸人さんの家、芸者さんの置屋などでは行っているところがある。

同じような簡略化の例が、塩による海水の代用である。相撲《すもう》の土

俵や葬式帰りの体を塩で浄めるのは、もともと海水で行っていたのが、水を取り除いた塩だけになったのだ。最近は、玄関に盛り塩する習慣はなくなったし、葬儀から帰宅して塩を撒《ま》くことも少なくなってきた。相撲取りだけが、塩による浄め方を伝承してくれている。しかし、普通の生活ではもう、きりびを見ることはなくなってしまった。

私は、このような伝承が思想に与える影響は相当大きいと見ている。きりびや塩の扱いは、日常生活のなかに畏敬《いけい》の念を持ち込む行為ではなかったろうか。人知を越えた力、宿命が存在し、人間のささやかな生活は人間の意図を超えた大きな自然とともにある、という生活実感は、このような都市生活習慣の中にもコンパクトに表現されて、次の世代にも伝えられていったのである。

練炭の時代

ホクチに落ちた火を付木に移して炎とし、それをまた何かにつけて使うのだが、今の私たちの生活では、火をつけるべきその何かがもうない。タバコを吸わない私がマッチを使うのは、夏に蚊《か》取《と》り線香に火をつける時だけである。しかし、幼い頃の記憶をたどれば、私の育った環境では、明らかに最初は〈木炭〉〈練炭《れんたん》〉〈豆炭《まめたん》〉〈七輪《しちりん》〉が活躍していた。練炭、豆炭とは、石炭や木炭の粉を石灰、粘土などで固めてから、加熱して悪臭成分などをなくした安価な燃料で、木炭の代用品だが、練炭は円筒形で蓮根《れんこん》のように縦穴がたくさんあけてあって穴明練炭ともいう。豆炭は卵形をしている。

祖母が部屋の中でカルメ焼きを作ってくれたことがあった。火鉢の火か掘り炬燵《ごたつ》の火かわからなかったので母にきくと、掘り炬燵を作る空間的余裕はなかったので、丸い木製の火鉢だという。それなら、今でも私の部屋にあって、茶の湯用の鉄瓶《てつびん》がかけてある。

七輪を盛んに使っていたことも覚えている。だが、私に物心がついた頃には都市ガスが通っていたはずなのに、なぜ火鉢も七輪もあったのだろうと不思議に思って母に尋ねたところ、次のような事情がわかった。

確かにガスは通っていたが、ガスの口は一つ、台所のコンロも一つしかなかったので、飯炊き釜をのせると、もう調理ができない。そこで、長い時間をかける煮物や、焦げてはならない焼き魚などには七輪を使った。冬の暖房は、もっぱら火鉢だった。

火鉢に木炭を入れると出費がかさむから、練炭を使った。火鉢に練炭が入っている季節は、そこで煮たきもできたが、夏になって火鉢を片づけると火鉢での調理はできなくなる。七輪も夏はあまり使わなかったという。私は、夏でも必要な時には練炭を使えばいいではないか、と思ったが、これが現代人の浅はかさなのだ。

なぜかというと、練炭は一度火がつくと、ずっと燃え続ける。空気を遮断して火を消す道具もあり、それではさんで外に出すこともできたが、すぐに消えるものではないから、不経

火鉢のある生活　『教草　女房形気』より

済なばかりか危険である。しかも、また火をつけなおすのは、かなり手間がかかった。

練炭に火をつけるには、まずマッチで新聞紙や焚きつけの木片などを燃やし、その火で木炭に着火し、豆炭といっしょに七輪に入れる。豆炭に火が移ったら、その上に練炭を置く。ガスがあれば、アスベストでできている網のような特別な道具に練炭をのせてガスの炎の上

湯わかしがかけてあるのが七輪。向こうの土間にかまどがある。七輪は、昔からかまどの補助的役割だったことがわかる。
『春色梅児誉美』より

にのせて火をつける。

いずれかの方法で練炭に火がついたら、ここではじめて火鉢に移す。つまり、練炭も豆炭も木炭もマッチの炎で直接火がつくほど燃えやすくないから、何段階もの手間をかけて、ようやく練炭の安くて強い火力にたどりつくのである。

火ダネの保存

ただし、これは母の個人的経験の聞き書きで、火の合理的な扱い方の順番に一定のきまりはない。ガスを使えば手間がはぶける代わりに費用がかかり、その辺に落ちているわらや木《き》屑《くず》などをうまく焚きつけに使えば、安く火をおこせる。火のおこし方や火ダネの保存法は、その前の世代の人に教えられたり、近所の人つまりコミュニティからの伝承として伝わっていった。

「昔は情報が多くなかったから」という母の言葉から、私は、「伝承は重要な生活情報だった」という当たり前のことを改めて理解した。〈伝承〉は〈伝統的日本文化〉などではなく、生活の細部にまで存在した、倹約法を含めた合理的生活に必要な情報だったのである。石川さん流の表現をすれば、より少ないエネルギーで生活するための知識だった。

練炭、豆炭は、いかにも日本的な燃料だが、粉石炭の利用法の一つなので、江戸時代には

囲炉裏の向こうに火打ち箱が見える。使用中の火打ち箱を描いた絵はかなり珍しい。
『教草　女房形気』より

越後平野の天然ガス利用
ガス田に近い土地では、熱源、光源として利用していた。
『北越奇談』より

なかった。江戸時代の燃料は木炭か薪で、特定の地域では石油、石炭、天然ガスなどを使っていた記録もあるが、ごく一部にすぎなかった。

七輪は、江戸時代中期以後に普及した道具で〈かんてき〉とも呼ばれ、空気の流通が良く、すぐに火がおこるので便利がられていたが、小型で火ダネを保存することができないため、あくまでかまどの補助的な役割だった。やはり、火はつけてすぐ消すものではなく、火ダネとして保存しておくものだった。火打ち石の扱い方のむずかしさから考えても、火は保存しておく方が合理的である。

練炭は明治時代にできた新しい燃料で、江戸の話ではない。しかし、江戸への入口は、ついい四〇年ほど前は到るところに開いていた。火おこしには何段階もの過程がある、ということの事実に、火打ち石、火花、ホクチ、付木の過程をつけ加えれば、江戸時代の過程になる。発想は同じだ。

「合理的に暮らすには、情報に耳を傾け、頭を使い、賢い工夫をして何段階ものプロセスをおろそかにせずに実行する」という考え方は、同じなのである。それが今では、情報も頭も工夫もプロセスもなく、すぐにできてすぐにやめられることが価値となった。

人間は頭が悪くなった。

行灯の暮らし

石川英輔

行灯を作る

テレビの時代劇で、行灯《あんどん》に点火する場面を見たことがある。

暗い部屋のすみで何やらごそごそやっているうちにパッと火がついて、まるで電灯をつけたように部屋全体が明るくなった。知らない人があの場面を見れば、行灯とはあんなに明るい照明なのかと勘違いするのではないだろうか。ところが、実際の行灯はびっくりするほど暗い。

昔の人が使っていたような立派な行灯を作るのは面倒だが、行灯の性能を実験するだけなら、以下のようにかんたんにできるので、興味のある読者は試みられることをおすすめする。これだけで、江戸時代の生活の一端を生々しく想像できるからだ。

まず、適当な陶磁器製の小皿か小鉢を準備する。汚れたり傷んだりする心配はないので、日常使っている食器でもかまわない。あまり大きいと油がたくさんいって面倒なので、直径

七、八センチどまりので充分である。そこに食用油を三分の二ぐらい入れるが、わざわざ新しい油を使わなくても、一度揚げ物に使った廃油で充分だ。

灯芯《とうしん》は、昔は灯心草つまり藺草《いぐさ》の芯を使った。今でも手に入るが、われわれがちょっと実験するだけなら、二枚かさねのティッシュペーパーを一・五センチぐらいの幅に裂き、指先に力を入れて固くよじってコヨリのようにしたもので充分役に立つ。これを二つに折って、もう一度固くよじってから油の中に入れ、折った方が皿のふちから五ミリぐらい上に出るようにする。二度よじるのは、芯を太くするためである。

このままでは灯芯が不安定であり、また芯の位置を調節できないので、大型のダブルクリップを立てて芯の中央部を押さえてから、皿の外に出ている部分に火をつけると、すぐに炎が大きくなり、芯がこげるにつれて小さくなる。油が充分にしみていれば、燃えている部分が炭化するにつれて、すすを出しながらわりあい安定して燃え続ける。

しばらくたって芯が短くなり炎が小さくなれば、ダブルクリップを動かして芯を少し押し出せばまた明るくなる。この操作を「芯を掻《か》き立てる」という。

ダブルクリップで代用している部分は、昔は陶器製の道具を使った。この道具は、〈掻き立て〉と呼んで、以前は古道具屋に転がっていたものだが、最近は見かけなくなった。つまみの部分が鶴《つる》や帆掛《ほか》け舟《ぶね》の形になっていて、その影が行灯に映るように工夫した金属製のものもあった。

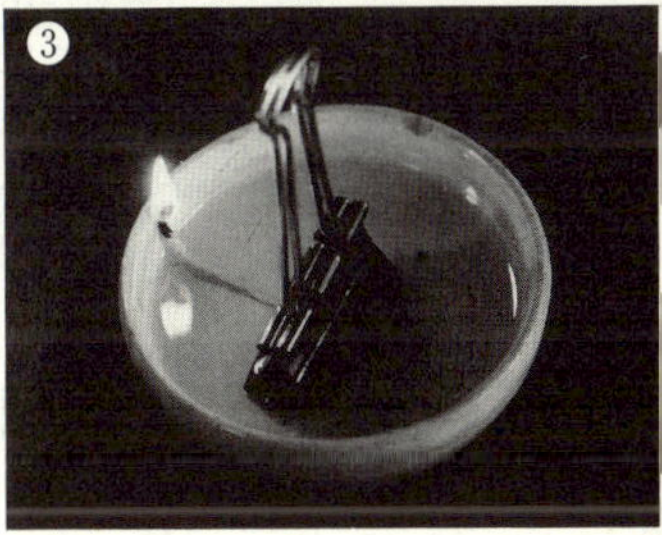

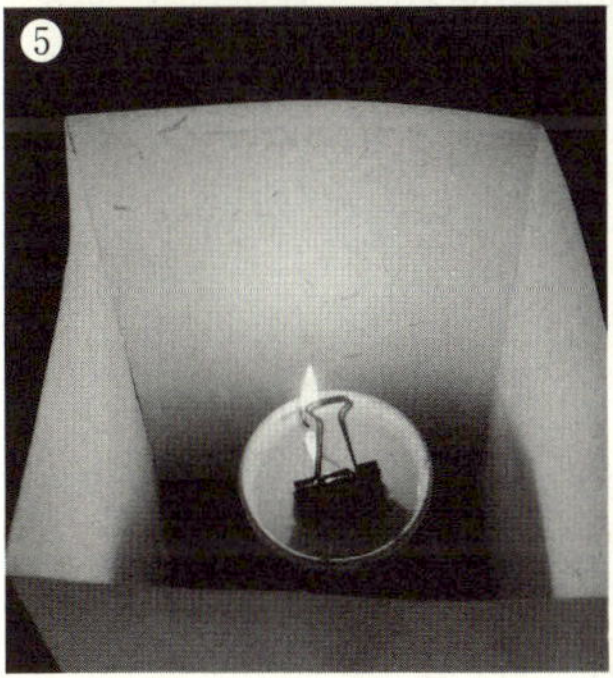

①小皿に油を入れて、ティッシュペーパーを固くより、二つ折りにしてまたよった灯芯を浸し、折った先端を皿の上に少し出す。
②大型のダブルクリップを芯の中央におく。
③先端に火をつける。
④安定した台の上にのせる。
⑤紙の筒で火を覆う。

昔もこのように灯火の周囲を覆わずに照明に使うことはごく普通だったが、風が吹けば消えてしまうし、裸火《はだかび》では点光源に近いため広い範囲を照らすのに向いていないから、障子紙を貼った木のわくの中に台をつけ、そこに油皿をおいて使った。障子紙ごしの光はやわらかい散光の面光源になるが、光が紙に吸収されるぶんだけ暗くなる。

われわれのかんたんな実験では、いちいち障子紙を貼った木わくなど作っていられないから、油皿を適当な高さの安定した台の上におき、周囲を白い紙で覆えばいい。紙で円筒を作ってもいいが、ここでは、四枚のA4の白い上質紙をセロハンテープでつないで四角い紙の筒を作り、それを油皿をおいた台にかぶせてみた。

ただし、行灯の実験は火を使うので、くれぐれも火事にならないように用心して、その場を離れる時には必ず火を消していただきたい。特に、紙に燃え移ると危険なので、火が紙の筒の中心部に位置するように注意しておく、あるいは、筒をかぶせたりはずしたりする時に、紙が火に近づかないようにするなど、充分に気をおつけ願いたい。

白い紙はありあわせのを使えばいいが、コピー用紙なら腰もしっかりしていて具合が良い。障子紙よりやや暗いかもしれないが、昔の行灯は、普段は煤《すす》けたまま使っていたのだから、平均的にはこんな明るさだったと考えていいだろう。

あきれるほど暗い行灯

さて、行灯の準備は昼間やっておいてもいいが、夜中に点火してから電灯を消した時、はじめてその暗さがわかる。火をつけたこの行灯を室内におき、ほかの照明をすべて消した中でしばらくじっと座っていると、あまり暗いので本当に昔の人はこれで生活できたのだろうかと疑いたくなるほどである。今の蠟燭なら、行灯の数倍の明るさがあるので、新聞ぐらい読めるが、行灯ではすぐには読めないほど暗い。

どれぐらい暗いか、私は照度計を使って六〇ワットの電球と比べてみた。まず、手製行灯の裸火を三〇センチ離れた位置から測ってみると、二〇ルックスぐらいである。六〇ワット電球は、背後からの反射がない状態の裸電球を点灯し、やはり三〇センチの距離から測ると、大まかにいって一〇〇〇ルックス前後なので、ほぼ五〇倍と考えていい。ただし、裸火を紙で覆って光量が半分に減れば、六〇ワット電球の一〇〇分の一、四分の一に減れば二〇〇分の一の明るさまで落ちてしまう。

つまり、平均的な行灯では、一〇〇個以上もならべて、ようやく六〇ワット電球一個ぶんの明るさしかないと思えばいい。しばらくして目が慣れても、やはり暗いことに変わりない。よくこれで夜の仕事ができたものだと思うが、昔の人は、こまかい仕事は裸火のもとでやったので、そのために、行灯の障子の一部が開けられるようになっていた。

昔の絵を見ると、読書や縫い物などは、障子を開けて裸火に近づけて見ているのが普通である。裸火に近づければ、明るい範囲こそ狭いものの、それなりによく見える。針のめどに糸を通す場面では、炎に針めどを向けているが、実験してみると、本当にこれぐらいにしないとよく見えないことがわかる。

前にも書いたが、私は、平成七年（一九九五）の春から四年間、NHK教育テレビの『やってみよう　なんでも実験』という科学実験番組の司会をした。全部で、一七〇本以上作ったが、その中に照明の実験をする番組があり、私が火打ち石を使って行灯に火をつける場面を見せた。

行灯は、本物そっくりなのを器用なスタッフが作ってくれたので雰囲気満点だったが、リハーサルの時は、私が火をつけても周囲の人はついていることに気づかなかった。数十キロワットの照明がついているテレビのスタジオでは、行灯の灯など、ついていてもほとんど見えないからである。そこで、思い切って照明を暗くしてもらい、ようやくほおずき色の明かりが画面にほんのりと写った時には、スタジオ中がかすかにどよめいた。スタッフ一同、行灯のあまりの暗さに驚いたのだった。

昔は幽霊や妖怪が身近にいたらしいが、行灯で夜をすごしてみると、これほど暗ければお化けが出ても当然だという気がする。

また、かなりすすが出るので、しばらく使っていれば紙がすすけ、やがて家の中がすすける。昔は、年末の大掃除のことを〈すすはき〉と呼んだが、家の中で火を燃やすため、実際にすすが溜まったのである。もちろん、燃料と火がいっしょにあるのだから、引っ繰り返せば火事になる恐れもあった。

昔の人にとっての行灯

われわれは、とかく自分の知識と経験だけを基準にしてものごとを判断しがちである。明るい電球や蛍光灯《けいこうとう》を自由に使える生活に慣れきっているから、行灯の実験をしてあまりの暗さに驚くと、自分の便利な生活と引き比べて、昔の人はさぞ不便だっただろうと同情する。しかし、電灯を知らなかった昔の人は、特に行灯を不便だと感じていたのではなさそうだ。

大正時代に活躍した東北帝国大学教授の物理学者に、日下部《くさかべ》四郎太《しろうた》という人がいた。若くして亡くなったため、同じ物理学者の寺田《てらだ》寅彦《とらひこ》と違ってあまり名が知られていないが、エッセイストで科学解説者、今でいうサイエンスライターとしても、すぐれた人だった。

この人に『信仰物理異国行脚《いこくあんぎゃ》』（大正十三年・一九二四　大日本雄弁会）という面白い著作がある。外国旅行中の見聞から宗教の問題を取り上げて、物理学者としての立場から論評しているのだが、火と宗教の関連について書いた部分に、著者は自分の経験として次のように書いている。

「日本産の樹木のうちでは、松の木がもっとも自然のままで灯火用に適しているために、はじめは松の木を燃してかがり火となし、次には松脂《まつやに》を摘出して棒状に固化した物に点火して灯火とした。私もまたかかる灯火の下に昔話を聞いた一人であるから必ずしも古い昔のことではない。菜種《なたね》油を使用する行灯は上流の灯火で、蠟燭などは宴会の折りでもなければ使用せぬものと著者の幼時には思っていたほどであった。もっとも、私が留学した頃までは、パリの真ん中にある下宿屋でさえランプが幅をきかしていたのである」（現代表記に改めた）

江戸時代といわず、明治時代の中期になっても、農村部での行灯は〈上流の灯火〉だったというのだから、江戸時代に行灯を日常に使っていた江戸は、やはり豊かな大都会だったことがわかる。

ここでいう松脂を棒状に固めたものというのは、いわゆる松脂蠟燭だが、形が蠟燭に似ているだけで、蠟はまったく使っていない。山村では、松脂はいくらでも手に入ったから、農家では自家用に手製した。燃やすと大量のすすが出る照明だったから、江戸時代でも都会では、まず使わなかった。

明治時代になれば都会では電灯が普及して、どんな田舎でも石油ランプぐらいは使っていたのかと思いきや、こんな原始的な照明を十九世紀末あたりまで日常的に使っていた地方があったことがわかって面白い。

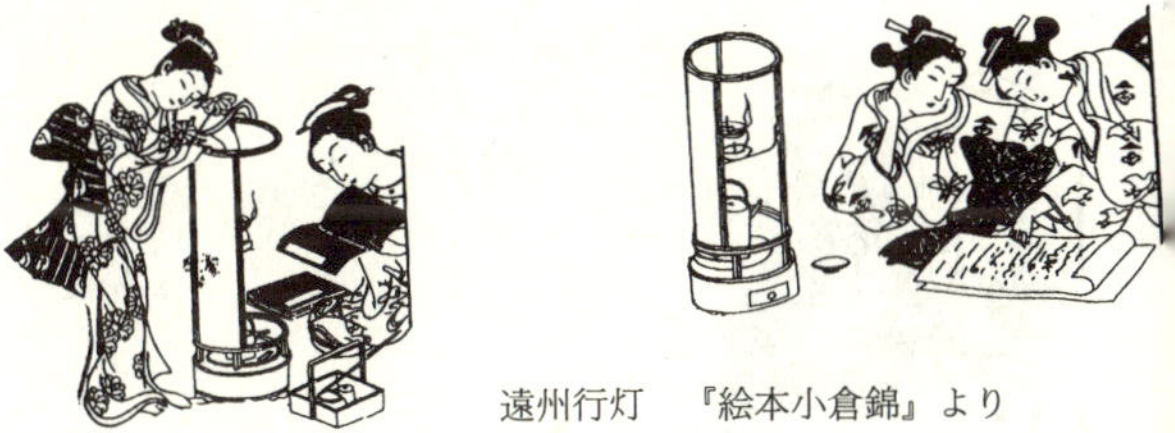

遠州行灯　『絵本小倉錦』より

針に糸を通す。『教草　女房形気』より

行灯の下での化粧　『絵本小倉錦』より

帝国大学教授にまでなった著者は、特に貧しい生まれではなく、中の上ぐらいの階層の出身だったらしいが、当時としては村でも特に豊かな家でないと行灯を日常的に使うことはなかったのだろう。

また、著者が研究のために留学していた当時のヨーロッパの大都市、パリの中心部でさえ、まだ石油ランプを使っていたというのだから、われわれの今の生活を基準にして判断すれば、人類の長い歴史の大部分を通じて、先祖たちはお話にならない不便で不幸な生活をしていたことになる。

それなら、われわれのこういう便利な生活が、生物として、あるいは動物として本当にすぐれたまともな生活かといえば、はなはだ怪しいものである。蛇口をひねれば湯が出る、スイッチを押せば明かりがつく、という便利さを支えている裏側で、犠牲にしていることの大きさをみれば、江戸時代の先祖たちが暗い行灯を使っていたことに同情するのは、見当違いもいいところではなかろうか。

行灯の長所

照明器具として比べた場合、行灯と電灯の性能の差はあまりに大きくてお話にもならない。

行灯の欠点は暗いことばかりではなかった。スイッチを押せば消すまで光り続ける電灯と違って、皿の中の油は燃えるにつれて減るから、時々追加しなくてはならないし、前に書いたように暗くなれば芯を掻き立てる必要があった。

これはごく単純な操作だったが、単純なだけにエネルギーを節約できる量もたかが知れていた。日が暮れてから寝るまでに使う油の量は、せいぜい五勺（九〇ミリリットル）程度だったから、現在の電灯に使うエネルギーに比べれば、あまりに少なくてほとんど無視できる。

行灯の欠点は、操作の面倒さ以外にもいろいろあった。油を燃やすからすすが出て、行灯の障子紙ばかりか室内がすすける。火が小さくて油も石油ほど揮発性が高くないため、倒れても普通は消えるが、燃え上がる危険もないわけでない。昔の江戸で火事が多かった理由を行灯のせいばかりにはできないが、燃えやすい油と火がセットになっていた行灯が、火元になった場合もかなりあったと思う。

ほの暗い行灯と幽霊はつきものだった。
『教草　女房形気』より

八間行灯
やや広い面積を照明するのに使った。これは、湯屋（銭湯）の脱衣所の場面。　『江戸府内　絵本風俗往来』より

また、実際に行灯だけを灯した室内に一人でしばらくいればわかるが、慣れないうちはあまりの陰気さに気分が滅入《めい》ってくる。照明といえば明るいはずだが、電灯に慣れたわれわれにとっての行灯は、ひたすら暗いだけなので、むしろ、真っ暗にしてしまった方がすっきりするほどだ。

行灯の実験をしている時に電灯をつけて、室内が昼間のように明るくなるとほっとするが、同時に、こんなに明るくてはお化けなど出るはずがないということがわかるし、数十ワットの蛍光灯を使っている世の中で、素朴な怪談が生まれないのも当然だと思う。

これまで説明したような四角形のを立てておく行灯では、広い場所を照明できないので、ある程度の面積がある室内、たとえば一室にお客を何組も入れるような小料理屋などでは〈八間《はちけん》〉あるいは〈八方《はっぽう》〉という特殊な大型行灯を天井から吊るして使った。これは、図のように三尺（九〇センチ）四方ぐらいのかなり大きな笠《かさ》の下に大きな炎の出る灯芯皿を取りつけた照明器具である。複数の灯芯を使う場合もあったようだ。

炎の上に当たる笠の中心部は燃えないように、紙を貼らず吹き抜けにしてあった。こうすれば、灯が広い範囲で反射して、この当時としては大型の照明となったが、どう考えても明るいという雰囲気ではなかったと思う。これ以上の面積を照明する場合は、高価な大型蠟燭を使うほかなかった。

このように、電灯と比べれば、照明器具としての行灯はどうしようもない欠陥器具であることは疑う余地もないが、それはあくまで〈便利さ〉を単純に比較した場合であって、動物としての人間の生活にとってどちらが良いのかは、簡単にはいえない。優れた照明方式である電灯を使えば、夜おそくまで起きていられる代わりに、結果として昼間寝ていることになる。これがはたしてまともな生活といえるのだろうか。

早寝早起き用の照明

お江戸日本橋七ツ立ち。初上《のぼ》り……

に始まる有名な〈上り唄〉がある。早朝七ツに江戸の中心である日本橋を上方《かみがた》にむけて出発する場面から、東海道五十三次を京都三条大橋に着くまでをうたい込んである。

すでに不定時法の項でくわしく説明したように、七ツという時刻は季節によって違う。たいていの本には、午前四時頃と書いてあるが、本書の読者には、そう単純でないことがよくおわかりのはずだ。江戸（東京）で、朝の七ツが午前四時前後になるのは、冬至から立春までの真冬の期間だから、旅行者はそう多くなかった。

旅行シーズンの穀雨から立夏の季節は、グレゴリオ暦では四月二十日から五月二十日の間だが、この時期の七ツはなんと午前二時半から二時四十分頃だ。江戸の中心部から東海道の旅に出るためには、朝というより、まだ夜中に近い刻限に出発したのである。

江戸を出発して最初に泊まる宿場は、普通の男の旅人の場合は、戸塚だった。日本橋から一〇里半、ほぼ四二キロだから、途中で朝昼二度の食事をして何度か休憩しながら歩けば、一三時間ぐらいかかった。朝の七ツに出発すれば、この季節なら夕方の七ツ前の四時頃には着いた。暮六ツまでにはまだ三時間ぐらいあるから、ほとんど昼間である。これぐらい早く着けば、ゆっくり入浴してから夕食を済ませ、あとは寝るだけだ。

結果としては、太陽エネルギーを充分に利用していたことになるが、要するに、暗くなってから宿屋に着き、慣れない場所でうす暗い行灯の明かりで風呂に入ったり食事をとったりするのを避けるための常識的な行動にすぎなかった。

つまり、行灯という恐ろしく暗い照明のおかげで、昔の人は早寝早起きしていた……などと書けば、いかにも先祖たちは不自由な生活に耐えていたように思う人がいそうだが、けっしてそんなことはない。早寝早起きはこの時代の普通の生活だったし、多分、動物としてもまともな暮らし方なのである。

フクロウ病

職業をきかれて作家だと答えると、それでは夜型なんでしょうね、といわれることがある。私は早起きで、午前中に主な仕事を片づけます、と答えると意外そうな顔をする人が多

子供たちも、正月は夜おそくまでかるた取りをして遊んだ。この場面は、行灯の裸火だけでは暗すぎるので、蠟燭を使っている。
『江戸府内　絵本風俗往来』より

東海道、関の旅籠
このように、行灯なしに本が読めるころに次の宿場に着くように出発するのが普通だった。『五十三次　北斎道中画譜』より

いが、世間では、文筆業者はフクロウのように夜中に仕事をして、夜明けとともに寝る職業だと思っている人が多い。

しかし、フクロウやネコと違って、人間の夜型は、肉体が夜の生活に適応してなるのではなく、どこにでも明るい電灯があるから、生活の時間帯がずれただけのことだ。その人個人は、たまたまそういう環境に適応したといえないこともないが、人類という種《しゅ》として完全に適応するには千年もかかるだろう。

最近では、子供が〈フクロウ病〉という症状になるそうだ。小学生が受験勉強などのために夜中まで起きているため、朝起きた時に気分が悪かったり頭痛がする自律神経失調症のことで、東京のある小学校では、小学生の半分以上がこの症状を訴えたという記録があるから、驚くほかない。夜も寝ずに勉強するほど〈学問〉が盛んなのはけっこうだが、電灯のおかげで、大人ならともかく、育ち盛りの子供たちの健康状態に異常をきたしているとすれば、いったいなんのための文明、なんのための学問なのだろう。

電灯にかぎったことではなく、現代文明の生み出す道具の困ったところは、長所が同時に欠点になっていることだ。たとえば、プラスチックは腐らず長持ちするが、その丈夫さが仇《あだ》となり、使い終えた時には手におえない欠点となってしまう。

一方、行灯は確かに暗くて不便だが、そうかといって、真っ暗で何もできないほど暗くはない。裸火として使えば辛《かろ》うじて読書も裁縫もできた。しかし、だからといって夜と昼を取り違えるほどの明るさとはほど遠いから、人は自然に早寝をする。

四五〇万年の人類の歴史のうちで、夜と昼の区別がつかなかった時代はせいぜい最近の一〇〇年ぐらいだから、多少の例外はあるにせよ、大部分の人間の肉体は、夜明けとともに起きて、日が暮れればなるべく早く寝る生活に適応しているはずだ。

江戸時代なら、物好きな金持が料亭などで大きな蠟燭を何本も立てて夜遊びでもする場合はともかく、行灯を使っている普通の庶民が夜型になる心配はまずなかったし、少なくとも、子供たちがフクロウ病にかかることなどあり得なかった。

不便さの価値

昔は、商店の従業員などが夜寝る間もなく働かされたという苦労話をする人がいるが、工場労働者が毎日二〇時間も働かされたといういわゆる女工哀史や、奉公人の苦労話は、ほとんど明治以後の話である。

実際に行灯を作って実験すれば、石油ランプやガス灯が使える前の時代、暗い行灯のもとで複雑な仕事を長時間続けられたはずのないことは、容易に理解できるはずだ。

しかし、人間の睡眠時間はだいたい決まっているから、夜の長い冬の夜ともなれば、そう早寝できない。先祖たちも、日が短くなるとやむを得ず行灯のもとでいろいろな仕事や、勉

商売も冬の間は明かりをつけて夜なべ仕事をした。これは刀剣商だが、さすがに行灯のほかに、蠟燭をつけた燭台を使っている。『江戸府内　絵本風俗往来』より

強、けいこごとなどをしたようだ。しかし、その目的は昼の時間をいくらか延長する程度にすぎず、冬の夜の特殊な状況〈夜なべ仕事〉として記録に残っている。昼夜が逆転するほどの夜更かしをした人は、一部の学者などを除けば、めったにいなかっただろう。

雇い主とすれば、灯火用の油を使って夜更かしさせるよりは、早く寝させて夜明けとともに叩き起こして働かせる方が、はるかに安上がりで能率が良かったはずだし、もし、庶民が寝る間もなく行灯のもとで働いたとすれば、江戸時代の日本はもっと豊かになっていたはず

だ。

しかし、江戸時代の大部分を通じて、経済成長率は一パーセント以下だったし、大した富の蓄積もできなかったのだから、そんなに働いたとは思えない。搾取《さくしゅ》されたため貧しかったというのが進歩的見解らしいが、たとえ搾取されてもどこかに残るはずだ。ところが、ベル

冬の夜の三味線の練習
芸事の練習は冬でも休めないから、行灯のもとでけいこを続けた。
『江戸府内　絵本風俗往来』より

サイユ、エルミタージュ、紫禁城《しきんじょう》のような富の蓄積そのものの大宮殿は、日本中のどこにもない。要するに大して働かなかったのだ。

それはともかく、便利になればすべて良くなる……というのは、ただのわれわれの思い込みにすぎないのであって、実際は便利であればあるほど、その裏には恐ろしい面があることに、私たちは少しずつ気づき始めている。行灯は確かに不便だが、そういう照明器具を使って成り立っていた生活が、はたして現代のような文明に追いまくられている生活より不幸だったかどうかはまったく別の問題ではなかろうか。

われわれは、便利さの価値ばかり重んじて、不便さの価値をあまりにも無視しすぎてきた。どこへ行くのも自動車に乗り、運動不足になって太りすぎ、トレーニングウェア姿で近所を走り回るなどという冗談のような生活をするのは、そのせいにほかならない。

実際にほの暗い行灯のもとでしばらくすごしてみれば、実験しなくてはわからないさまざまなことが見えてくるはずである。

行灯でものを見ると

田中　優子

最初に行灯の火を見たのは、平成三年（一九九一）の十一月に、江戸時代のエネルギー問題について話すため、石川英輔さんとNHK総合テレビの『ミッドナイトジャーナル』という番組に出演した時だった。石川さんのいわれる通りに、司会者がサラダ油を入れた小皿に灯芯を立て、火をつけてからスタジオを真っ暗にしたのだが、私はもちろんのこと、誰もがその暗さに驚いた。

最初のその印象をもちながら、私は、この原稿を書くために夜の書斎で再び行灯の実験をしてみた。ところが、こんどはさほど驚かなかったばかりか、用意していた縫い物と読書にすぐとりかかることができたのである。これは、すでに「行灯は暗い」という覚悟ができていたせいもあっただろうが、消す前の電灯の明るさの程度、部屋の狭さ、行灯までの自分の距離など、さまざまな要因があるに違いない。

私の部屋はテレビのスタジオよりはるかに狭い。広い部屋で大勢の人がいて真っ暗になると不安だが、いつも暮らしている自分の部屋が暗くなっても、さほどには感じない。知らない人間が集まっている場所が暗くなると、人の顔が見えないのは不安だが、一人なら、そう感じないせいもある。

明るい光に慣れていると行灯はいかにも暗いが、私のように蛍光灯《けいこうとう》嫌いの人間にとっては、行灯の光はむしろ近づきやすいものだった。明るさ、暗さほど、経験や周囲の条件によって感覚が左右される相対的なものは、他にないのだろう。

集中力が増す

そして意外なことに、実際に裸火にした行灯の光で各種の縫い物をしてみると、まったく不便に感じないばかりか、集中力が増しているのである。糸を針に通すには確かに眼をこらさなければならないが、それは電灯の下でも同じだ。次に着物の襟《えり》つけ、刺《さ》し子《こ》、ボタンつけなどをしてみる。ボタンつけや刺し子など、手許だけ見れば縫えるものはまったく問題がないばかりか、顔を火に近づけているので、いくらかその暖かさが伝わり、狭い範囲しか見えないために集中し、ほとんど〈三昧《さんまい》〉の境地になる。

とても落ち着いて心地良い。ただし、眼に直接火の光を入れると非常に見にくい。眼は火からそらして、手許だけ見ている方がいい。また、襟つけや裁縫などは、手許を見ている時はいいが、全体を確かめようとすると少し困難だ。行灯の明かりの特徴は、とにかく範囲が狭いことなのだ。

暗くなってきたので、召使らしい女性が行灯に火を入れようとしている。油皿の中の灯芯を掻き立てでおさえてあるのがわかる。行灯の右下にある箱の中に、油さしと灯芯が入れてある。
『百人女郎品定』より

その点、読書は問題がない。いちばん明るい場所に読んでいる部分をもってくればいいので、案外苦痛を感じない。読書の場合も、明らかに集中力が増す。私は普通の時にも、翻訳などこまかく集中力を必要とする仕事を夜に長時間する場合、周囲の明かりを少なくしてスポットやスタンドの光量を多くする。やや退屈な仕事に集中力を持続する時にも同じ方法を使う。

行灯には、同様のスポット効果があるようだ。ただし、これが、毎晩数時間に及ぶ場合を想像すると、眼を悪くするかもしれないと思った。やはり、早寝をした方がいい。

また、家族が多い場合は、行灯のそばで作業や読書をする人数が限られるのも、ちょっと困るだろう。平安時代から、物語は一人の人が声を出して読んで、他の者が聞いている場面がよく出てくるが、確かにその方が効率的に思える。聞く立場を想像すると、行灯や囲炉裏《いろり》や暖炉の火のそばで聞く物語は、蛍光灯の下で聞く物語とまったく違うと思った。語る方の集中力も、格段の差が出そうだ。

ともかく私には、行灯のもたらす〈集中力〉〈落ち着き〉が新しい発見だった。テレビもCDもない時代、刺し子や裁縫や、黄表紙《きびょうし》や絵本も含めた読書や、浮世絵を見ることなどがどれほど楽しみで、どれほど〈別世界〉に誘ってくれるものだったか、わかるような気がする。別世界への牽引力《けんいんりょく》は、集中力に比例するからだ。

本や絵を見る

私は、本物の浮世絵も版本《はんぽん》もわずかしか持っていないが、それでも今の本と当時の本との違いが、行灯のもとで如実にわかった。版本あるいは板本とは、木版で印刷した書籍のことだ。

まず、同じ浮世絵を見るにしても、今の洋紙を使ったオフセット印刷の浮世絵集を行灯で見ると、光ってしまってよく見えない。これは文字の本も同じで、洋紙は高価な紙であればあるほど光って読めないばかりでなく、絵の場合には、いかにも薄っぺらな印象になる。そしてもう一つ気づいたことは、洋紙は厚いのでめくるたびに風が起こって、行灯の火が大きく揺れることだ。これなど、実験しなければけっしてわからないだろう。

和紙は非常に薄いので、版本をめくっても風は起こらない。常に静かな状態で本を見ることになる。そして、文字は、昔の版本の方がはるかに黒々としていて読みやすいこともわかった。今の本の写植や活字の文字は、細くて小さいのである。最初に行灯のもとで本を読んだ時は、長時間読んでいたら疲れるだろうなと思ったが、版本であったら、さほどでもなさそうな気がする。

文字の墨色は非常にくっきりと見える。特に、墨の文字の線が太い往来物《おうらいもの》（寺子屋の教科書）や浄瑠璃《じょうるり》本などは、はっきりと読める。挿《さ》し絵《え》の線も、詳細に描かれていればいるほど、リアルに見えて面白い。行灯の下でゆっくりと一枚の挿し絵を見つくす。版本の挿し絵は、こんなふうに見ると楽しかったろうと、容易に想像することができた。

私はふだん、本を素早く斜め読みして必要な箇所だけ探す癖がついている。それを行うには、開いているページ全体を一瞬のうちに見渡さなければならない。しかし、行灯のもとではそれができない。読み始めると、一行ごとに読み進めていることに気づく。すると文字は音になって聞こえてくる。挿し絵もまた、隅から隅まで見ることになる。

もっと驚くのは浮世絵の場合である。以前、浮世絵のコレクターに、浮世絵は額に入れたり壁にかけたりするものではなく、部屋の中や行灯のもとで見るものだと忠告されたことがあった。今回は、洋紙に印刷した図版本の浮世絵と、和紙に刷った本物の浮世絵を両方見た。前者はすでに書いたように、光ってしまって薄っぺらにみえる。しかし、本物の浮世絵は違った。奥行きを感じることができるのである。それも、絵師の個性によって異なった。

私は、豊国《とよくに》、歌麿《うたまろ》、春信《はるのぶ》、三人の浮世絵を電灯と行灯で見比べた。豊国は額に入れて壁に飾ると映《は》える。線がくっきりとしているからだ。歌麿はごく小さいのしかない。高かったわりにどうということのない絵柄なので、「つまらない買い物をしたかな」と今まで思っていた。春信はおとなしい。

しかし、行灯のもとで見ると、まったく違った印象になった。まず、豊国はあまり変わらない。三種のうちで、もっとも平面的に見える。飾ると眼を引くが、しばらく見ていると飽きる。春信には少し驚いた。「おとなしい」という言葉は「幻想的」という言葉に変えなければならなかった。まるで妖精の国にいるかのように、その静けさと軽やかさは現実離れしていて、水に映った月の世界にみえるのである。

もっとも驚いたのは歌麿だった。雪の降りしきる中を芸者とお供が歩いている図柄なのだが、空のグラデーションの中を本当に雪が降っていて、まるで吸い込まれそうだ。足もとにわずかな雲母《きら》摺《ず》りがされていたことに今まで気づかなかった。それが本当に積もっているよ

炬燵に足を入れ、行灯の裸火で読書する女性。女の子に芯を掻き立てさせているところらしい。この行灯は、小堀遠州が考案したということになっているいわゆる遠州行灯で、主に関西方面で使われた。円筒形で、火の位置が高く、障子紙を貼った部分を回転させて開閉できるのが特徴。油さしは、行灯の下の段においてある。
『絵本花葛蘿』より

行灯のもとでの折り紙。姉の折った舟を弟が母親に手渡している。
これも遠州行灯である。　　　　　　　　　　『絵本操節草』より

うに浮き上がって見える。絵の具に雲母《うんも》の粉をまぜて印刷する雲母摺りは、確かに行灯のもとでもっとも効果を発揮するのである。そして、体の線、足の輪郭、すべてがごくごく細くくっきりと描かれて、それらの線がこちらに飛び出してくる。歌麿の本当のすごさはリアリズムにあったのだ。

版本ではなく、墨で直接描いた絵や文字も見た。すでに書いたように、墨色は非常に強くくっきり見える。そして何より感動したのは、墨のグラデーションの美しさだった。色のものを含め、行灯のもとでは、すべてのグラデーションが美しい。そして、紅絹《もみ》のような真紅《しんく》や紫などは、ぐっと深い色になる。

墨絵の扇を二、三本拡げ、そこに紅絹と紫の絹を拡げてしばらく見とれてしまった。なんと美しいものを江戸人たちはみていたのだ

ろう。そしてそのまま、電灯をつけた。
幻滅した。ためしに蛍光灯もつけてみた。もっと惨憺《さんたん》たるものだった。布では、木綿《もめん》の縞《しま》が、行灯のもとではもっともはっきりと美しくみえるのがわかった。私はテレビに出演する時、着物を着るが、ライトに映えるのは絹なので、木綿は着ることがない。しかし、行灯のもとでは、光りすぎる絹より、木綿の深さの方がまさに〈粋《いき》〉で存在感が強いのである。

　つまり、意外なことに、行灯のもとでは物ごとがひとつひとつ際立ってくっきり見えるのだ。グラデーションは、「ぼんやり」しているものではなく、はっきり微妙に移ろっていくものであることも、行灯の光が教えてくれた。
『徒然草《つれづれぐさ》』の百九十一段に、「夜に入りて物の映《は》えなし、といふ人いと口をし。万《よろづ》のもの綺羅《きら》、飾り、色ふしも、夜のみこそめでたけれ」というくだりがある。夜は物が映えないという人があるが、とんでもない、夜こそが美しい、と。それに続けて、夜の火影《ほかげ》は素晴らしいし、物をいう声もいいし、匂いも、もの音も、夜の方が、つまり闇が深い方が味わい深いという。私もこの体験を通して、まさにそうであろうと思った。

　しかし、これは江戸生活を体験している時だけ味わえることで、この試みが終われば、また煌々《こうこう》と明るい夜に戻らなくては生活できないことが、なんとも惜しい。

行灯は不便か

このごろは火を直接使わない。たき火も囲炉裏も風呂たきもなくなった。慣れていないので、行灯をともしていると側を離れるのは不安になる。しかし、実際には、行灯の火は、ちょっと息を吹きかければ消えてしまうようなもので、引っ繰り返さないかぎり燃え移る可能性は少ない。江戸時代にはカーテンもなかった。障子の枠を閉めれば、風で消えることもなさそうだ。慣れると、そういうこともわかってきて、コントロールできるようになる。

裁縫の実験中に針をなくした。行灯は、畳の上の小さなものまでは見えない。仕方なく電灯をつけて探した。しかし、江戸人はこういうドジをしない。針枕のついた裁縫箱をそばに置いていればいいのだ。火の危険も部屋が暗いことからくる危険も、気持と手間を抜かなければ大した問題ではなさそうだ。とすると、私たちがいっている〈不便〉とか〈便利〉とはいったい何なのだろう。結局は頭と気を使わずにすむことを便利といっているだけではなかろうか。

今回の体験で、私は何よりも、電灯によって私たちが失ってきた美しさや深さに気づいて、愕然《がくぜん》としてしまったのである。

書くこととその道具

田中　優子

書くことの大事な〈手間〉

私は今、コンピューターのワープロソフトを使ってこの原稿を書いている。しかし、これが江戸時代だったら、何を書くのでも〈筆〉と〈墨〉と〈和紙〉を使った。筆と墨によってものを書くとは、いったいどのような行為だったろう。

今回の体験で私がたびたび感じてきたことは、近代が〈便利〉と〈スピード〉を追求することによって、人間は体を使わなくなっただけではなく、頭も心も使わなくなり、その全体を称して〈便利〉といってきたのではないか、心の「手間をはぶく」ことに価値をおいてきたのではないか、ということだった。

ものを「書く」という、あまり体を使わない知的な行為に関しても、どうも私たちは頭や心の手間をはぶいている、という気がしてならない。私は墨と筆でものを書くとき、心が充実して、とてもたのしい。ただ、その一方、時間がかかる。墨をすることや道具を洗うことや紙を選ぶことや文字を書くことなど、すべての側面について、ワープロを使うのに比べると時間がかかる。

しかし、その間に感じる深い充実感はいったい何なのか。いつもそれが不思議だった。今回は、その楽しさと〈手間〉について考えながら、江戸人にとって「書く」とはどういうことだったのかを追究してみたい。

私には書家の友人がいる。その友人から聞いた書を書く過程はじつに面白かった。書は紙を選ぶことから始まる。紙には、中国の紙、韓国の紙、日本の紙があり、和紙の中にも楮《こうぞ》の紙とみつまたの紙があり、産地によって紙の質も異なり、漉《す》く過程で土や砂や顔料などさまざまなものを入れて違う紙を作りだすこともできる。さらに、紙と墨の組み合わせによっては、墨の色もにじむ度合いも違ってくるので、紙と墨の組み合わせを選ぶ。

紙を自分で漉くことも、紙漉き職人に特別に注文して漉いてもらうこともある。友人は中国や日本のさまざまな墨だけでなく、自分で調合した墨も使っていた。墨には、一〇〇万円近いものから一〇〇〇円程度のものまであり、微妙な色の違いもあり、使う墨によって硯《すずり》も選ぶのだという。もちろん、筆も何を書くかによって選ぶが、筆は売っている筆を使うだけでなく、ハケや箒《ほうき》のようなものを使ったり、自分で竹や紙やさまざまな材料で作ることもある。

友人は、自分が書を教える立場のときは、学生に筆を作らせるという。また、作品ができあがると最後に印を押すのだが、その位置と印の形も熟慮する。そのため、印はいくつも持っているし、自分で彫ることも多い。さらに、できあがった書を掛け軸に仕上げる場合は、装幀《そうてい》に使う布も考え抜く。そのため、旅に出ると布を買い集めるという。額に入れるときは額を選び抜く。木の枝でフレームを手作りすることもある。どこに飾るかによっても全体の仕上がりを考える。

この話を聞いて私が驚いたのは、小学校から始まる書道教育の方法とまったくかけ離れていることだった。学校では、筆も紙も与えられ、先生は全員が同じものを持っている状態で、お手本を示してそれを書けという。そこには、何かを選んだり、組み合わせたり、作ったり考えたりという創造の喜びは少しもない。

私は書道が嫌いだったが、今考えれば当然だと思う。

ところが、友人に聞いた書は、あらゆる段階に自然とのかかわりと歴史、つまり先人の書との交流と、個人の創造性が交わり合っているたいそう複雑な世界なのである。私は、書が紙を作ること、筆を作ること、墨の色を見つめることだとは思ってもみなかったが、じつはそのような最大の喜ばしい〈手間〉を体験できる世界だったのである。

それ以来、私にとって書とは単に文字の知的な内容のことではなく、あらゆる〈もの〉に接する奥深い創造的世界となった。この話を大学ですると、学生たちも驚きと興味を覚え、〈手間〉ということの価値を感じるようだ。これは、教育から日常生活に到るまで、いかに私たちが手間といっしょに創造の喜びを捨ててしまったか、ということだと思う。それは、書くことだけでなく、生活のすべての分野に及ぶ変化だろう。

そのような〈手間〉と〈創造性〉という観点から、江戸時代と現代の書くことの違いを見ていこう。

今回はまず、私がその組み合わせの多様さに驚いた〈道具〉について書く。江戸時代の浮世絵には、文字を書く場面もたくさん発見できる。

江戸人たちは、どのような道具を組み合わせて文字を書いていたのだろう。

硯と墨

中国に〈文房四宝《ぶんぼうしほう》〉という言葉がある。書斎の道具をいい表したものだ。その四つとは筆、墨、硯、紙の基本四アイテムのことである。わざわざ四宝というのは、この四つが中心であるが、この四つがありさえすればいいというのではないからだ。

書の創造として文房具に凝る、つまり「文房具に遊ぶ」ことは、漢の時代に始まり、唐と宋で発達し完成した。特に、墨と紙の技術をきわめ、硯の産地を選ぶ。この文房四宝の考え方は、もちろん日本にもやってきて、文人の間に広まった。

江戸時代の絵入り百科事典である『和漢三才図会《わかんさんさいずえ》』には、硯は中国の広東省《カントン》の端州《たんしゅう》がもっとも良い、と書いてある。これは、〈端渓硯《たんけいけん》〉として、今でも珍重されている。私はもう一つの硯の名産地、黄山《こうざん》の近くの歙《きゅうじゅう》州の自然石に近い硯を持っているが、これも美しいものである。

硯は、真四角な形や手のこんだ彫刻が価値なのではなく、まずなによりも〈石〉としての質が価値なのである。硯は必ずしもへこんでいるわけではなく、自然石のまま、わずかな水をたらしてすることもできる。日本人の多くは、その〈石〉としての美しさに魅せられて、この世界に入るようだ。

ちなみに、日本で石の硯が普及したのは比較的おそく、鎌倉時代のことである。その前は、陶器の硯を使っていた。『和漢三才図会』には、江戸時代、硯用の石は、中国からの輸入品のほかに、下関や若狭《わかさ》や近江《おうみ》、佐賀、天草《あまくさ》、伊予《いよ》などの国産ものが使われたと書いてある。

墨は奈良の名産だった。中国では松煙墨もよく使うが、日本では圧倒的に油煙墨が多い。ただし、大坂や奥州の岩城《いわしろ》では松煙墨を作っていて、行李《こうり》や莚《むしろ》に印文を書いたり布を染めるときに使っていたらしい。『和漢三才図会』には、絹地に書くときにしょうが汁を混ぜること、極寒のときにとうがらしを混ぜること、古い紙に書くとき、米の汁ですることなどが書いてあり、毎日使う墨をいかにうまく有効に使うか、さまざまに智恵を絞っていたことがわかる。

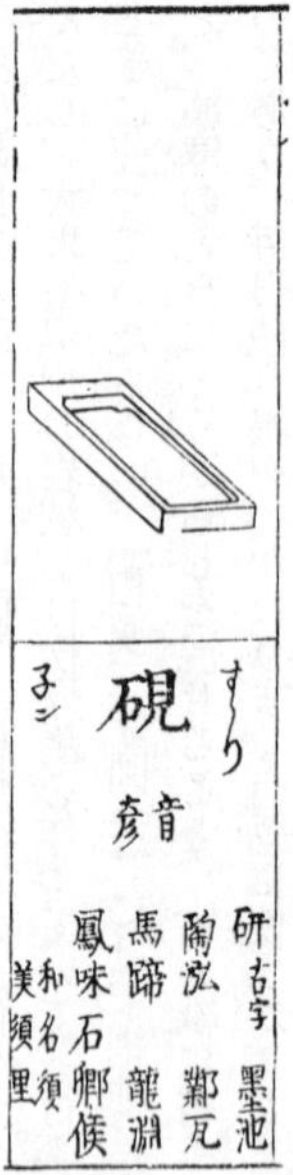

◀墨　中国墨、奈良の油煙墨のほか、松煙墨の太平、丸墨がある。『和漢三才図会』より

硯　『和漢三才図会』より

硯屏と硯滴　硯の頭の方に立てて風や塵が入るのを防ぐのが硯屏。硯滴は、硯に水をたらす道具。水滴ともいう。『和漢三才図会』より

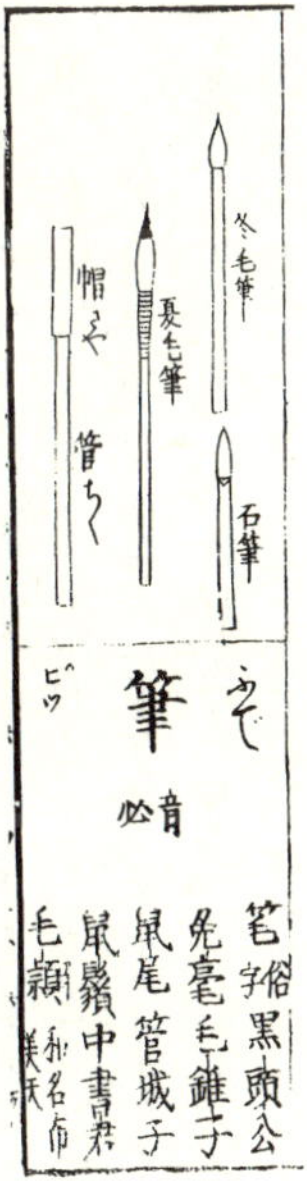

▶
筆　鹿の夏毛、冬毛、石筆などが見える。
『和漢三才図会』より

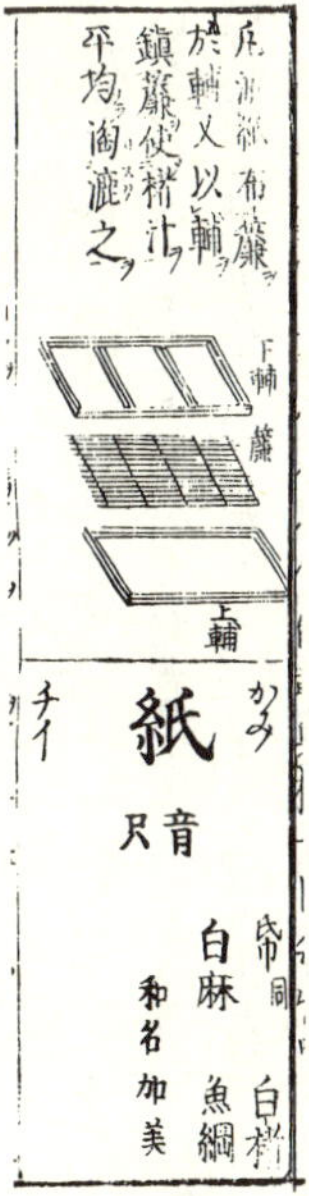

◀
紙　流し漉きの道具類。
『和漢三才図会』より

文鎮　書いているときに紙が動かないように押さえる。
『和漢三才図会』より

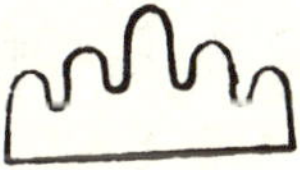

筆架　手を休める時に、墨で濡れた筆をたてかけておく台。
『和漢三才図会』より

筆と紙

硯や墨は今と江戸時代では変わらないが、もっとも違うのは筆だろう。私たちが今使っているのは〈水筆〉で、筆の毛の部分全体を使おうと思えば使うことができる。しかし、江戸時代までは〈巻筆〉の方が多かったようだ。巻筆とは、まず筆の中心に硬い毛を使い、その根元を紙で巻く。さらに硬い毛のまわりを柔らかい毛で被う。こうすると、書くときに腕と手でコントロールできる毛の柔らかさと同時に、硬い毛の弾力を有効に利用できるのである。

このような巻筆は、明治初期まで使っていた。『和漢三才図会』によると、毛筆の毛は越《えち》後《ご》の白兎《しろうさぎ》の毛が一番だそうだ。鹿の毛もよく使われ、冬の鹿の毛と夏の鹿の毛は違っていた。冬の鹿毛は柔らかくて短く、夏の鹿毛は長くてしっかりしているのである。夏毛は秋田産のが良かったようだ。狸《たぬき》、狐《きつね》、鼠《ねずみ》、貂《てん》の毛も使われていたようだ。

『筆』（田淵実夫　法政大学出版局）を見ると、ここには書ききれないくらい筆の種類があり、友人の書家が使い分けていたように、毛の筆ばかりではなく、藁《わら》や草をたばねたもの、竹を割《さ》いたもの、鳥の羽毛、竹の子の皮をほぐしたもの、蓮《はす》の実のうてなを削ったもの、木の実に穴をあけて毛筆をのぞかせたものなど、びっくりするような筆があったことがわか

子供の手習い
紙を節約するため、同じ場所に何度も書いて、真っ黒になっている。
『教草　女房形気』より

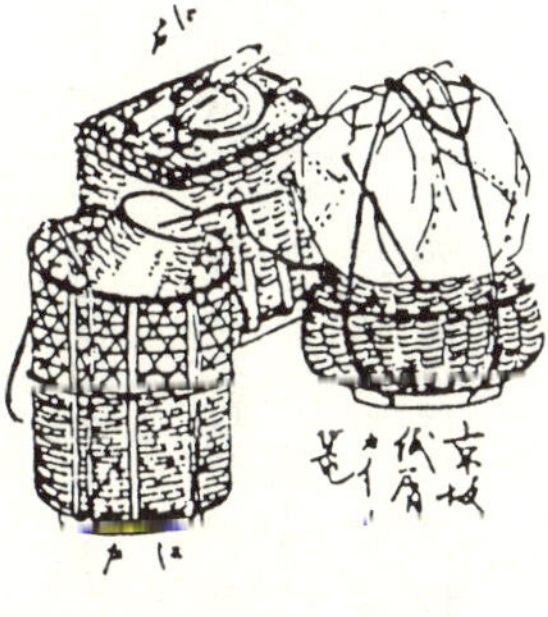

紙屑買いのかご
（上と左）江戸、
（右）京・大坂。
『守貞漫稿』より

る。何でも筆になるようだ。

『和漢三才図会』には、〈石筆〉というのもあるが、これは石そのもので文字を書く筆記具で、今日の鉛筆のようなものが、すでにあったことがわかる。

伝統的な和紙には、〈溜《た》め漉《ず》き〉と〈流《なが》し漉《ず》き〉がある。この流し漉きが日本にしかなかったことも、この二種類を区別する言葉が日本語にしかないということも、私は寿岳文章《じゅがくぶんしょう》の『日本の紙』で知った。流し漉きに使う、竹を細く割いて作った漉き簾《すだれ》の職人は今やわずかになって、この人達がいなくなれば世界の遺産というべき日本の流し漉きは、この世から消える。

あちこちに、〈和紙の里〉なる観光用ビルディングは建っているが、もっとも大切なのは立派なハコではなくて、もの作りを土台で支える職人たちの手仕事なのである。このつながりを支えなければ、観光バスは来ても和紙は消える。

ほとんどの分野で中国にかなわなかった日本だが、紙だけは宋に輸出までしていた。それほど優秀な製紙技術大国だったのである。江戸時代になると紙の産地が増え、優れた紙はその量も増えて、大福帳や手紙、書籍、書類など膨大な庶民の需要を支えた。紙を酷使することによってできる多色摺り浮世絵の錦絵《にしきえ》は、まさに上質の奉書紙《ほうしょがみ》の供給拡大によって生まれたのである。

しかし、紙を増産したといっても、かつてのように森林を破壊してパルプを生産し、そのまま燃やしてしまうような使い方はしなかった。和紙原料の八〇パーセント以上を占めていた楮《こうぞ》でも、春に発芽した若枝を初冬に切り、その皮の繊維を紙に漉いた。一年で更新できる農業生産物を使っていたため、生産量は増大しても数は限られ、多くの〈手習い〉の場面は、何度も何度も上にかさね書きするため、紙が真っ黒になっている。江戸の人たちは紙に不自由しなかったが、紙を大切にしていたのである。使った紙は、〈紙屑買い〉が買い集めて繰り返し漉き返した。

江戸時代の文房具には、四宝以外にも水滴、文鎮、硯屏《けんびょう》などがあるが、それらが描かれている浮世絵はめったにない。ほとんどは必要最低限の道具で書いていたし、旅先では矢立を使った。矢立の使い勝手については、また後の回にまわそうと思う。ところで、これらの道具を使って、江戸時代の人々はどこにどのような文字を書いていたのだろう。

文字を面白がる

田中　優子

書は生活のためにあった

　これまでは、筆、墨、硯、紙などの「書く道具」について述べたが、今度は江戸時代の人々がどういう文字を使っていたか見てみよう。

　江戸時代は、絵画や版画の技術と内容が飛躍的に発達し、一大マーケットを形成していた。同時にやはり、文字も〈本〉という商品として、看板や引き札などの広告媒体として、襖《ふすま》や掛け軸や屏風《びょうぶ》などのインテリア用品として、日常生活の中で大活躍していた。

　こういう文字は、私たちが今の言葉で〈書〉といわれて思い浮かべる形式とかなり違っていた。現代の書は芸術であって、生活のための道具ではない。前回も登場してもらった書家の友人は、書が生活から離れてしまったことを嘆き、かつては書が生活として生きていたことに関心を抱き続けている。そして、日本各地や漢字文化圏の東アジア諸国へ旅に出るとかならず、その土地のこれぞと思った看板を写真にとる。看板の文字の中には、その国や地方や、古いものならその時代の人々のものの捉え方が現われるのだそうだ。

たとえば、中国の諸都市で見る看板は、単なる看板であっても、きっちりとした正統派の立派な文字を書き、日本の看板はくずし方を美しくしようとする。また、地方の古い看板の中には、当時の著名な書家の書いた文字も多い。

このように、書は芸術である前に生活必需品であり、今は高い値のつく能書家の手紙でさえ、書いた人が、仕事としてではなく自分自身の品格の表現として書を修練した結果なのである。前回も書いたように、かつて書くことは時間と手間のかかるものだった。そのことが生活の豊かさだったばかりでなく、個人個人にとっての精神的な修練であり、看板や引き札では商店のイメージを決める重要なメッセージだった。

書体の統一

江戸時代の文字にも、手書きの文字と印刷のための文字がある。看板、掛け軸、襖、屏風などは手書きだからこそ価値があった。大福帳つまり経理帳簿、手紙、公文書、日記、各種記録などは、今でこそ機械で書くが、昔は手で書くほかなかった。読み物や版画の中の文字、引き札や藩札（紙幣）などの文字は印刷物である。

ただし、本の中にも、人から人へと伝わって書き写された写本があって、これは〈書き本〉と呼ばれたようにもちろん手書きだ。文学作品は、印刷が普及する以前は写本で伝わった。出版できるようになっても、版元が出版してくれない場合、あるいは出版が許可になりそうにない場合も同じである。写本のおかげで文化が伝わったともいえるほど重要だが、学問をこころざす者は、書き写すことで内容を記憶した。

しかし、現代のわれわれが読む場合、写本や自筆本を書いた人の個人的な癖の強い書体がはなはだやっかいだ。日本には〈古文書解読《こもんじょ》〉という分野があり、何種類もの字典が出ているくらいだ。癖のある文字が読みにくいのは現代人だけではないらしく、印刷物がひじょうに増えた江戸時代になると、書体の統一が自然に行われた。

「自然に」というのは、文部省のような国の機関が行ったのではなく、社会的常識として確立していったという意味である。歴史家のように村の肉筆の古文書などを読む専門家に比べて、私のような文学の専門家が楽なのは、文学作品のほとんどが統一書体で印刷された印刷物である〈本〉だからなのだ。

印刷には、活字印刷と版木印刷の二種類の方法があった。年代がはっきりわかっている世界最古の印刷物、法隆寺の『百万塔陀羅尼《ひゃくまんとうだらに》』のような宗教上の印刷物を別にすれば、出版社や本の市場を作った最初の印刷は活字印刷だった。文禄《ぶんろく》二年（一五九三）、朝廷や徳川家で始まった活字印刷は、朝鮮半島の銅活字そのもの、あるいは見本として作った活字を使っているので、漢字ばかりだった。慶長十三年（一六〇八）に、京都の中村長兵衛が出版した最

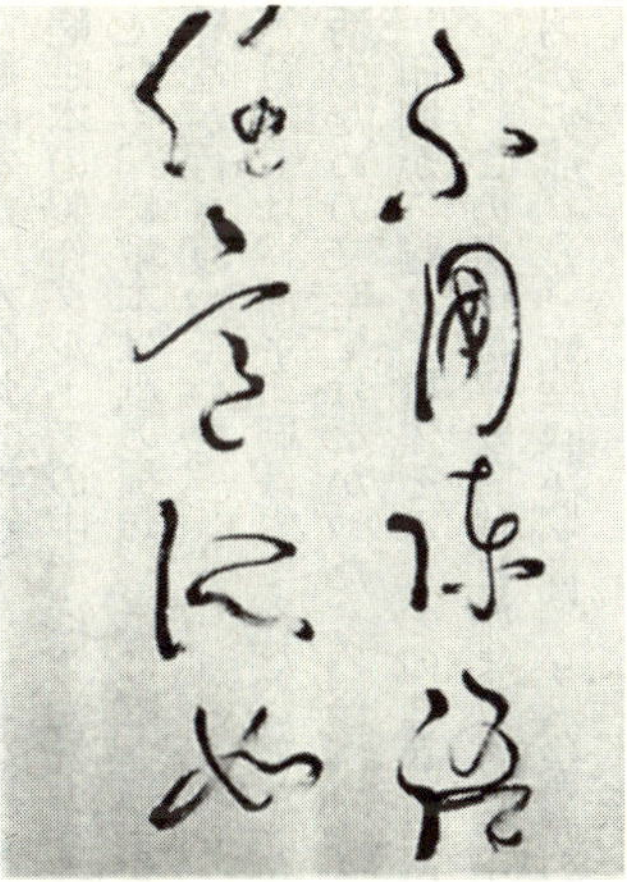

(曾)不用陳語
(但)任意所如

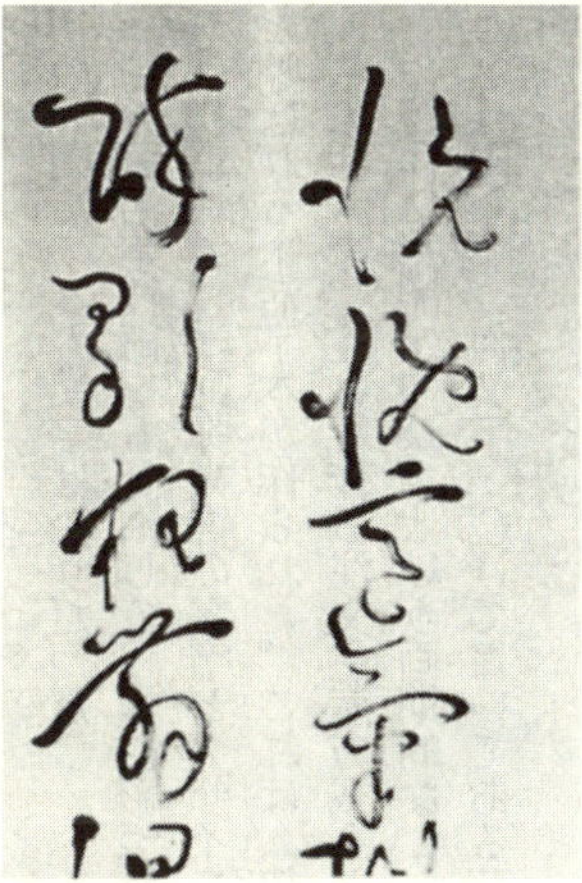

慷慨意氣(擬)
醉歌狂舞(混)

文字の規範化にもかかわらず、個性的な能書家が多かった。これはそんな中でもとりわけ個性的な亀田鵬齋の書。

初の民間活字本も漢字ばかりだった。

この銅活字技術をもとにして、木に彫った活字、木活字《もくかつじ》による印刷が始まった。同じ年にやはり京都で、本阿《ほんあ》弥《み》光悦《こうえつ》の文字とデザイン、角倉素庵《すみのくらそあん》のプロデュースで、後に〈嵯峨本《さがぼん》〉と呼ばれる木活字本が作られた。これは『徒然草《つれづれぐさ》』や『伊勢物語』や謡曲を印刷したため平仮名の活字で、注文で作る注文生産方式をとった。ここで、それまであまり考えなかった活字の書体に意識が向かうという画期的なことが起こった。この木活字は、一字ずつ分離できるとは限らず、何文字か続けて書いてある草書体を一つのブロックとして組むこともあって面白い。

嵯峨本は、本阿弥光悦がそこにいなくても光悦の字で本を作ることができた。少なくとも嵯峨本の製作グループの中では、光悦の文字で活字を造り、それが商品となった。書体だけでなく、嵯峨本は紙の種類、紙に漉き込まれた色や文様、表紙などすべてに、光悦の芸術的感性が行き渡っていた。

日本では、活字印刷は生まれたとたんに芸術になったのである。しかし、それは当然、生活のための文字ではなかった。

印刷から離れて書体そのもののことについて書くと、江戸時代の統一書体は〈御《お》家《いえ》流〉という。この書体は平安時代に始まり、伏見天皇の皇子で青《しょう》蓮院門跡《れんいんもんぜき》になった尊円《そんえん》という僧侶が完成した。江戸時代では、その流派の松花堂昭《しょうかどうしょう》乗《じょう》の書が、統一書体となったのであ

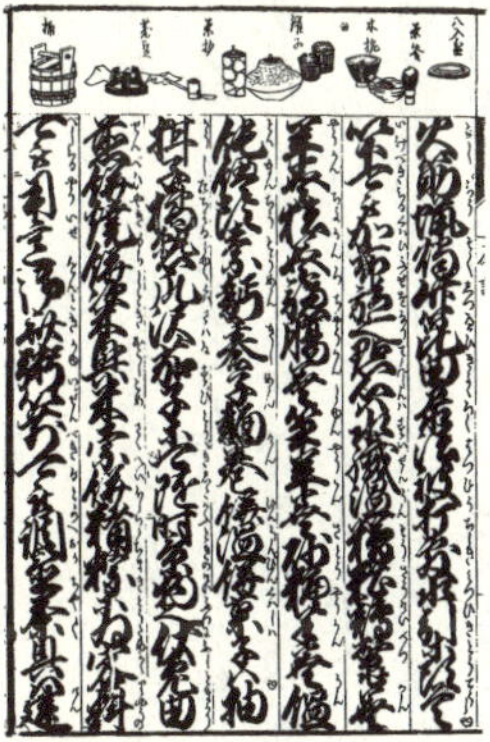

(左) 教科書の古典『庭訓往来』も、御家流の肉太の文字で書かれている。この頁には羊羹や煎餅や饅頭やきしめんの文字が並んでいて、生活感があふれている。
(下) 浄瑠璃正本の印刷文字。御家流の庶民的バリエイションである。

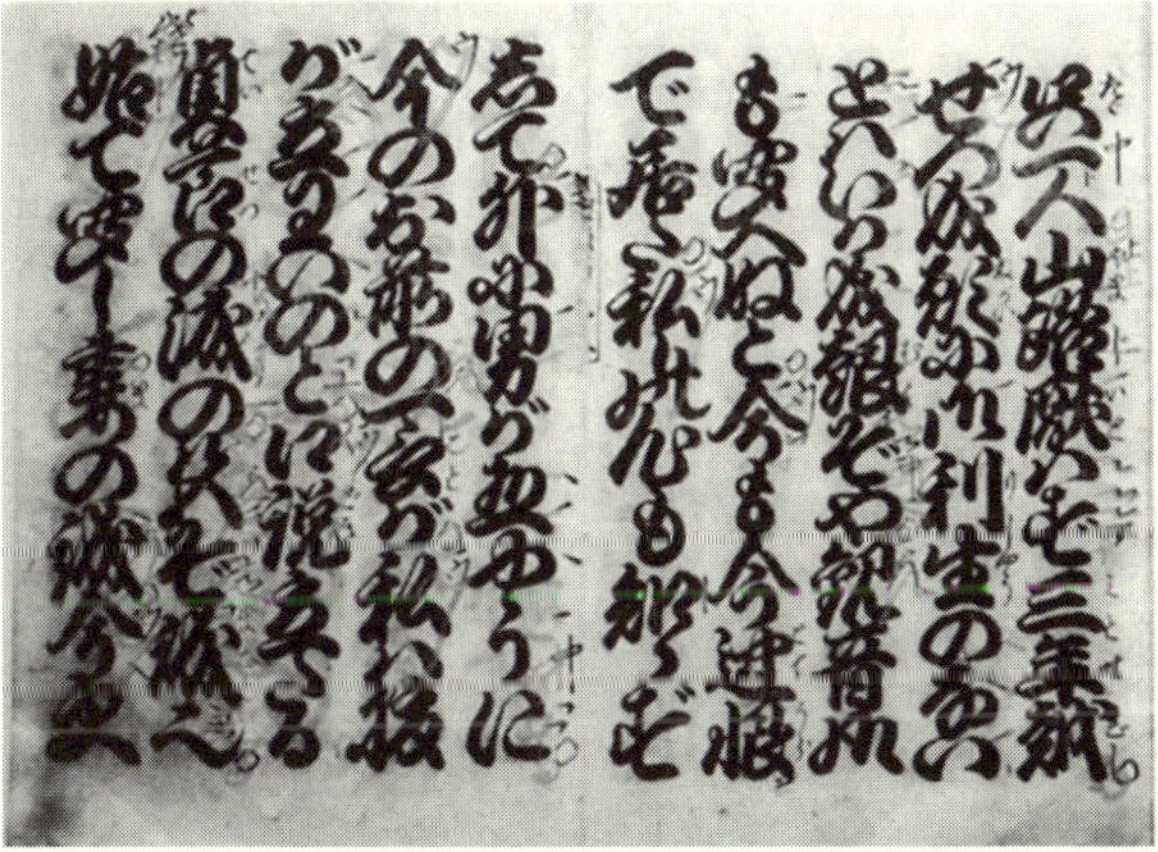

る。昭乗は、光悦、近衛《このえ》信尹《のぶただ》とともに寛永（一六二四〜四三）の三筆と呼ばれていた。京都の人だが、江戸に招かれて幕府の右筆《ゆうひつ》となったため、幕府の公文書がまずすべてこの書体になった。

当然、武士はこの書体を学ぶし、庶民の寺子屋教育でもこの書体の往来物、つまり手紙様式の教科書を使うようになった。どんな階級でも、どのような地方でも、同じ書体の文字を読み書きすれば、本も読めるし、幕府や藩の布告を書いた高札《こうさつ》も読める。大福帳も誰が書いても読める。古代以来、さまざまな人が文字の個性美を競ってきただけに、情報の流通のためには字の規範化、標準化は必要なことだった。

特に教育の現場では、手習いの規範が統一されたため極めて効率的になった。統一は、ともすると書の個性を損なうが、書の奥深さ、多様性をまだ文化として持っていた江戸時代では、たとえ書体が統一されても、必要ならば、いくらでも異なる書体を学んだり追求することができた。

そして、白隠《はくいん》や良寛《りようかん》その他の、極めて個性的なおおぜいの能書家が現われた。

規範外の文字さまざま

しかし、ここでは、芸術家の話は措《お》いておいて、庶民が日常的に接していた規範外の書体を見ることにしよう。

江戸時代の浄瑠璃本《じようるり》は、極めて特徴のある書体だ。出版された小説を読み慣れていても浄瑠璃本を読むのには苦労する。ならば、別の系統の書体から出てきたのかといえばそうではなく、やはり御家流の謡曲本の流れを汲んでいるが、時代が下がるにつれて文字が太くなり、黒みが多くなった。そして、謡曲本全体に比べて、浄瑠璃本の書体は太く濃い。庶民的なジャンルであればあるほど、文字は紙面に広がった。

歌舞伎の看板でおなじみの勘亭流《かんていりゆう》の文字もその一つである。勘亭流は、文化年間（一八〇四〜一七）に中村座の手代、岡崎屋勘六が、なんとかお客を呼び込もうとして肉太の文字を内側に入れるようにして書いたのが始まりだということになっているが、浮世絵に多く残っている歌舞伎小屋の外の情景を見ると、勘亭流に似た文字を元禄頃にはもう使っていたことがわかる。

勘亭流は浄瑠璃文字が肉太になったものと推定している専門家もいる。文字は、世間で人目にさらされていればいるほど「育って」いくもののようだ。

ほかにも、火消しの半纏《はんてん》や纏《まとい》に使う〈力文字〉、相撲番付に使う〈相撲字〉、飛白《ひはく》書体を商業化した〈髭文字《ひげ》〉、寄席《よせ》のビラに使う〈寄席文字〉、看板に使うさまざまな書体など、御家流を標準に使いながら、江戸の文字は力強い方向へ黒みを強め、太く丸みを帯び、ものごとがうまくいくよう、火に勝ち試合に勝つよう、都市の密集する人々の間に、呪文としての力

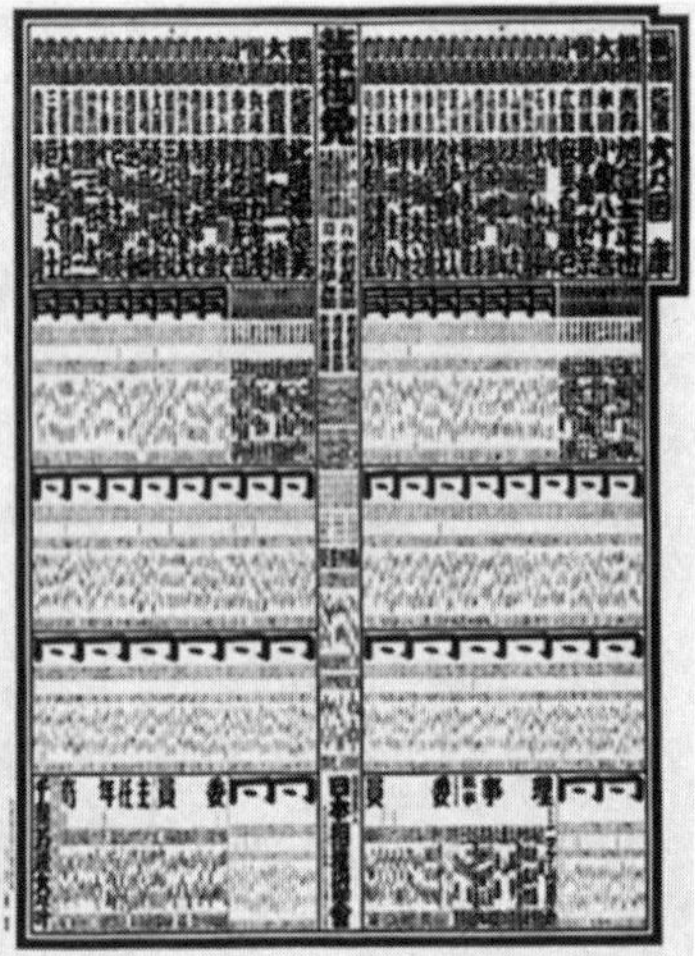

（上）相撲字　大相撲平成 3 年名古屋場所
　　番付表
（左）寄席文字　新宿末広亭

も見せながら育っていった。
勘亭文字、力文字などがあふれる江戸の町を思い浮かべると、なるほど生き生きしたエネルギーの源泉の一つだったことがわかる。文字はそのように、机の上で書くものというだけではなく、生活の一部だったのだ。

版木印刷というすぐれもの

江戸時代の人々は、文字の多様さの面白さを、私たちよりずっと深く感じていたようだ。そのことは、刊行された本の中にもはっきり現われている。『唐詩選《とうしせん》』は明《みん》から輸入されてロングセラーになった本だが、解説つきの文庫本サイズが売れたり、挿《さ》し絵《え》付きの絵本が売れたり、さまざまな展開をしていた。その絵本の一つ『唐詩選画本』は、漢詩が詩によって篆書《てんしょ》、隷書《れいしょ》、楷書《かいしょ》、行書《ぎょうしょ》のさまざまな書体で印刷され、絵や解説と組み合わされた楽しい本である。

活字から出発した日本の出版は、読者人口が急増した一六二六年頃から、一枚の木の板に一ページ分を彫る版木印刷に切り替わった。海賊版などが活字で出ることは続いたが、本のマーケットは完全に版木に彫った〈整版本《せいはんぼん》〉になった。『唐詩選画本』のように種類の多い文字を組み合わせた本ができたのは、どんな文字でも自由に彫れる版木だからこそだった。

看板、のれんなど、町の中には文字があふれている。
『白木屋呉服店前三美人』より

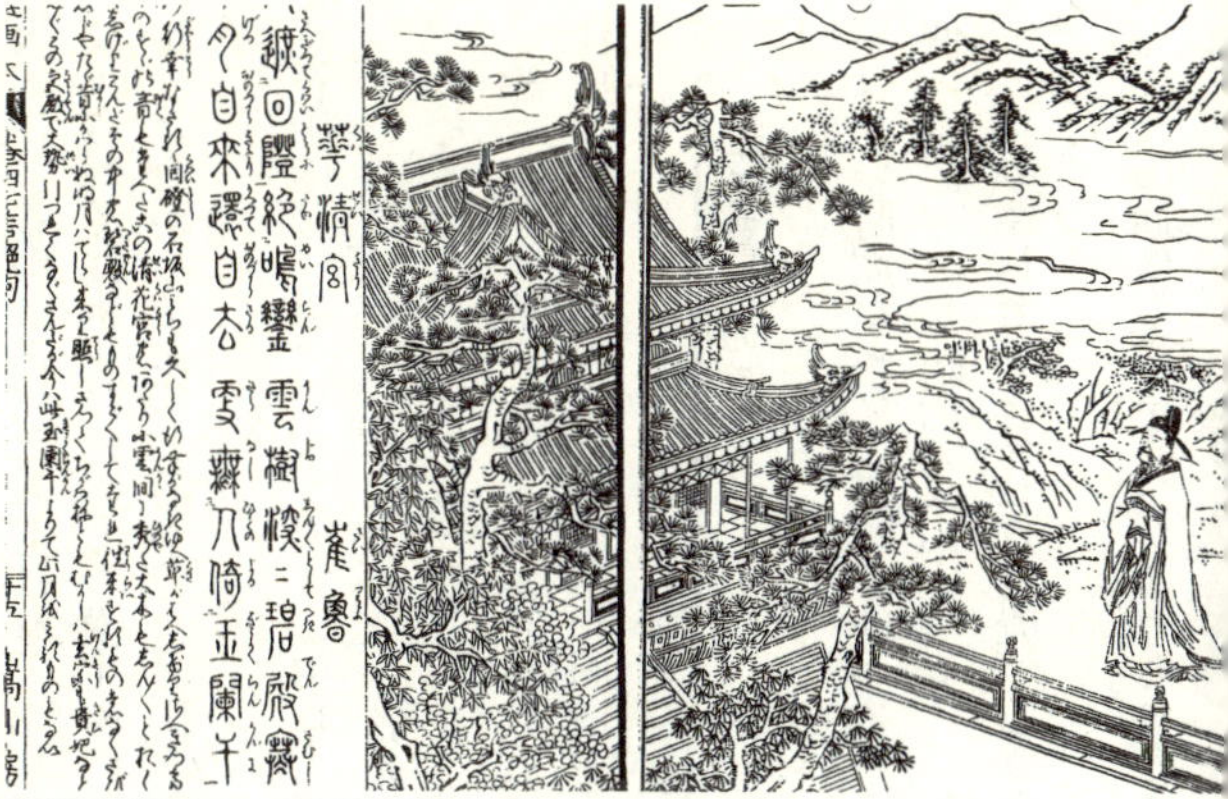

『唐詩選画本』の中の篆書と隷書それぞれで印刷された詩。楷書や行書もある。

版木による出版は、その他にも、ふりがなの発達をうながした。中国の大衆小説がどんどん輸入されて翻訳されたのも、漢字の両側にかなをふって翻訳を兼ねてしまう方法をとることができたからである。活字では面倒なルビ（ふりがな）も、版木に彫るぶんには簡単だった。

平賀源内は、自分のエッセイの中に、平仮名の中に中国の隷書、ハングル、アルファベット、サンスクリット文字を入れ込んだが、版木なら外国の文字を彫ることも自由自在だった。また、赤本、黒本、黄表紙という、世界に冠たる日本漫画の原点を大量に生産できたのも、絵と文字を自由に組み合わせられる版木印刷のおかげだった。

江戸文化は、このように文字を面白がる文化だったのである。

筆で書いてみる

私は早い時期からワープロを使っている。使い始めたのが昭和六十年（一九八五）ごろだった。ワープロやコンピューターの導入で、原稿執筆はとても楽になった。しかし、その便利さによって簡単な漢字を忘れるようにもなった。

海外との通信の簡単さ、マスコミを介さない情報など、コンピューターによって私の情報生活ははるかに豊かになったが、〈文字〉ということでいえば、この一〇年で私の〈文字生活〉ははるかに貧しくなった。手で文字を書かないということが、これほど頭の働きを衰えさせるとは気がつかなかったのである。

かといって、今さら編集者たちに手書きの読みにくい原稿を渡すのも気の毒だ。そこで、私は近頃、機会があればできるだけ筆を使うようにしている。手紙、葉書、郵便物の中に入れるメモなどを、墨で書くのだ。〈書〉というとつい恐れをなしてしまうが、字の下手な人間が簡単に下手さを目立たなくする方法も専門家から教わった。

悪筆を目立たなくする方法

それは、濃い大きな字を書くか、あるいは薄墨を使うかのどちらかにし、書く時は「できるかぎりゆっくりと」書くのである。私は、新聞社から依頼された年賀状を、葉書いっぱいに黒々と、そしてできる限りゆっくり書いたことがある。

確かに悪筆がさほど目立たなくなった。

ゆっくり書くと何が起こるか。まず、書いている間にその空間を細かく観察していることに気づいた。書は字の形だけでなく、残りの空間全体を眺め感じ取るものなのである。空白を見ているのは大事なことなのだ。

次に、腕や手の微細な呼吸が字に現われることに気づいた。字は「勢い」だというのは嘘ではないが、そのパワーは字の全体だけでなく、数ミリの線の中にも限りなくこまかく含まれていて、その全体が字のパワーを作り出すのである。仕上がりだけ見れば早く書いたように見える文字も、じつはゆっくり丁寧に書かれていることが多い。また、手習いではゆっくり習い、その呼吸を忘れることなくスピードを上げてゆく。

私は、筆で字を書くようになって、頭に浮かんだ内容を文字が追うのではなく、文字は文字で別の表現を持っており、それをも自分の中からにじみ出させていくものなのだとわかってきた。しかし、ボールペンで実験してみると、ゆっくり書くのは不可能だった。非常に疲れるし意味がない。筆でゆっくり書くことに意味があるのは、筆が弾力をもっていて、力の入れ具合で変化し続けるからなのである。文字が、手と腕の運動を見える形に変えるからだ。万年筆ならいくらか筆の真似ができるが、筆ほど弾力と変化に富んではいない。弾力こそが筆の面白さなのである。

これは、着物の面白さに通じている。着物もまた、一人ひとりが自分の工夫、自分のセンスで自分に合った着方をしなければ着られないし、それが着物の面白さだ。筆も着物も〈自由度〉が非常に大きく、一人の人間の能力がそのまま現われる。修練すればしたなりの〈自由度〉はあるが、それだけではなく、やはり持って生まれた身体的特徴や能力や感性が凝縮されて現われてくるのだ。

たとえ机があり、毛氈を敷いてあったとしても、手紙を書くときにはこういうポーズになる。この女性はこのまま、紙を宙に浮かして手紙を書くに違いない。
勝川春章『雪月花美人三幅対・月』より

着物や筆というメディアでは、まさに〈個性〉を自分の責任でどう育てていくかが問われる。着物を着たり筆を使ったりしていると、近代や現代の人間は、〈個性〉を叫びながら個性とは正反対の生活をしてしまっていることがわかる。

江戸時代の筆をためす

江戸時代の人々は、どういう筆を使っていたのだろうか。その疑問には、書家も答えてくれたが、『筆』(田淵実夫著)という書物からも知ることができた。この本は、法政大学出版局が出している「ものと人間の文化史」という素晴らしいシリーズの中の一冊だ。他の時代や人々の生き方は、まさに〈もの〉が教えてくれるから、私はどれほどこのシリーズのお世話になっているかわからない。

さて、江戸時代の人々は現代のわれわれとまったく異質の筆を使っていた。〈巻筆〉というものである。巻筆は、芯の部分になる毛の根本を和紙でしっかり巻き、その外側にさらに毛を植える。だから、外見は今の筆と変わりない。しかし、使い込んでも毛は根本までさばけることはなく、独特の弾力を保ち続ける。

なぜか、この筆は明治以降次第に使われなくなった。明治以後に使っているのは、一般的には水筆という糊《のり》で固めた筆か、捌《さば》き筆という糊で固めない筆のどちらかである。前にご紹介した『和漢三才図会』に出てきた筆も巻筆のことなのだが、当時は巻筆が当たり前なので、著者は特に断ってもいない。巻筆を作る製法を〈巻立法〉という。間違えてはいけないので、この方法を『筆』から引用してみる。

「紙巻式は命毛（野毛）の根本を二、三分幅に切った強靭《きょうじん》な和紙で巻き、さらに命毛に巻き添える喉毛（これを真柱という）の根本をも薄葉紙で巻くと、その外へ上毛をかけてフノリで固め苧《お》締《じ》めをする。この紙で巻く箇所を紙で巻かず、代りに蠟で固めるのが蠟巻式である。こうして巻き立てした穂首を軸にすげ込むと、腰部をもう一度紙で巻き、漆を塗ったり藤蔓《ふじづる》を巻いたり籠《かご》（金網）をはめたりした。この製筆法は天平の昔から江戸時代いっぱいに行われ、明治に入っても中期までは多く行われていた……巻筆は概して穂首は長めでも墨を含む部分は四分の一ほどである。弾力性に富んでいるので筆勢が強く、腰の堅固さが巻筆の特徴であった……」

巻筆には石州和紙を使っているが、巻筆に使える強靭な和紙も手に入りにくくなり、今ではほとんど作られていないという。この製造工程を紹介するにあたり、今でも巻筆を作ることができる職人さんとして紹介されていたのが、滋賀県高島郡安曇川《あどがわ》町の藤野雲平さんだった。藤野家は、元和《げんな》元年（一六一五）に京都で筆工を始めた家柄で、現在の当主は十四世。県指定の無形文化財の方である。

私は、この方の名前を書家からも聞いていたので、早速、藤野さんに連絡を取り、巻筆を

筆結（ふでゆい）とは、筆を作ること、またはその職人、という意味だが、この言葉は様々な材料を筆にまとめる、という意味があると同時に、巻筆時代の作業工程を連想させる。

『和国諸職絵尽』のうち「ふでゆひ」より

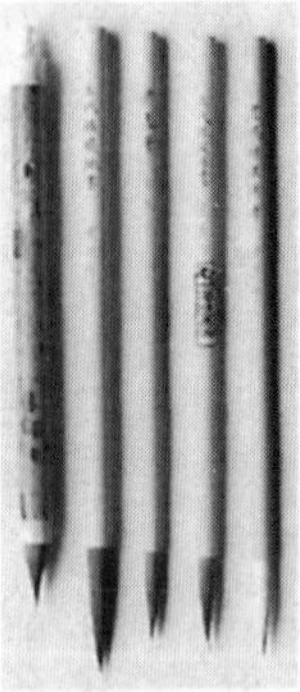

藤野雲平作・巻筆５種

硯は今や中国のものを使う人が多くなってきたが、江戸時代は優秀な職人たちが様々な形とサイズの硯を作っていた。
『和国諸職絵尽』のうち「すずりきり」より

作っていただいた。送られてきた巻筆は五本。奈良大仏開眼の時に用いたのち、正倉院に納められていた巻筆を再現した〈天平筆〉、小野道風《おののとうふう》が愛用していたという筆を再現した〈道風朝臣《あそん》用筆〉、古代から江戸時代まで日常的に作り使っていた〈上代様仮名書〉〈上代用懐紙書〉〈消息筆〉である。

これらを、中国で購入した同じ太さの筆とともに試してみた。同時に、墨も、中国の黄山松煙墨、上海の油煙墨、日本の伊勢の菜種油煙墨、そして奈良の古梅園《こばいえん》の油煙墨を試した。最後の墨は、四角形ではなく、型に入れないでギューッとつぶしただけの、指の跡のついた墨だ。これが柔らかくて素晴らしく使いやすい。

墨は、墨汁が便利ではあるが、色合いの違いや濃い薄いの使い分けをするには、墨をするのがいちばんいい。墨はグラデーションが美しいのだ。グラデーションは、硯ですった墨でないと出てこない。

巻筆の使いやすさ

巻筆を何年も使い込めば、また報告の内容が違ってくるかもしれないが、第一印象はやはり強靭さだ。まず驚いたのは、仮名の繊細な線が、私のような素人にも実に美しく書けることだった。特に、仮名書き用の筆では、何ミクロンという単位すら可能なのではないかと思

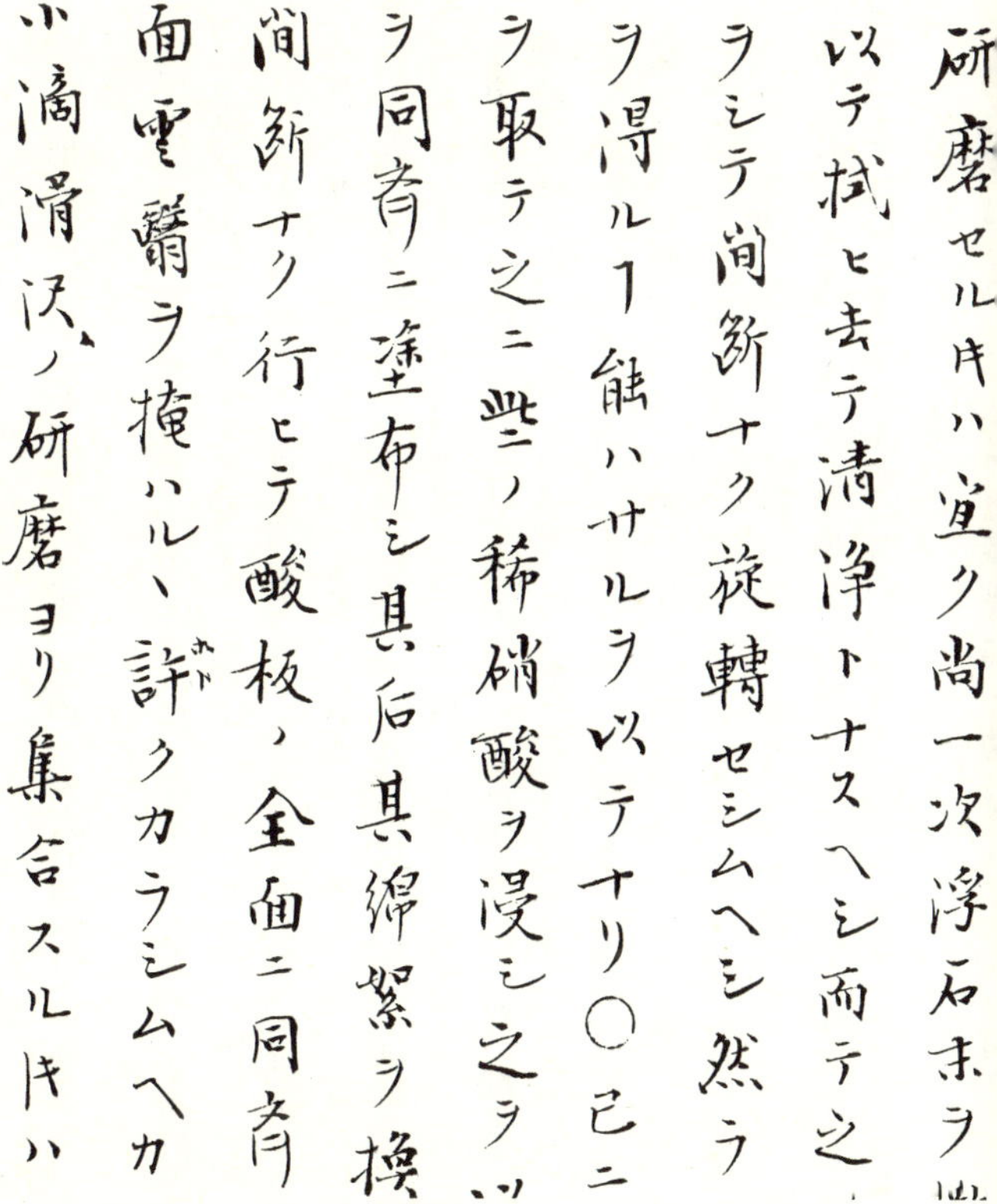

研磨セル時ハ宜ク尚一次浮石末ヲ
以テ拭ヒ去テ清浄ト成スヘシ而テ之
ヲシテ間断ナク旋転セシムヘシ然ラ
ヲ得ルヿ能ハサルヲ以テナリ○已ニ
ヲ取テ之ニ些ノ稀硝酸ヲ浸シ之ヲ
ヲ同斉ニ塗布シ其后其綿絮ヲ換
間断ナク行ヒテ酸板ノ全面ニ同斉
面雲翳ヲ掩ハルヽ許《ホド》クカラシムヘカ
小滴滑沢ノ研磨ヨリ集合スル時ハ

幕末期の写真技術書『印象啓微』の写本（部分・原寸）　巻筆で、ペン書きより繊細に読みやすく書いてある。

うくらい細く書け、しかも力の入れ次第で自由な弾力が得られる。確かに、仮名書きが楽しくなる。

江戸時代の記録や文書、書籍への書き入れは、非常にこまかい字で書いてあることが多いが、巻筆なら微細な字でも楽に書ける。極細ボールペンよりずっと使いやすい。

ボールペンでは、時々インクが出過ぎる時にダマになる。現代の細筆でもそういうことが起きる。しかし、藤野さんの作った巻筆では起きない。私は、矢立(注)に現代の細筆を入れているが、墨を吸い込んだ直後に字は太くなる。江戸時代までの巻筆に比べ、現代の筆は筆先が割れやすく、しかも墨を吸い込みやすいのである。巻筆ならば、手紙や葉書はいちだんと書きやすい。(注・矢立とは、毛筆を入れる筒に墨壺のついた、携帯用の筆記具のこと)

懐紙用の筆では、代表的な寺子屋の教科書である『庭訓往来《ていきんおうらい》』を手習いしてみた。ちょうどその字の太さになる。しかし、それ以上太くはならない。便利だ。

巻筆を使って感じたのは、江戸時代までの日本の筆は、あまり筆を使いなれない人にとって非常にコントロールしやすかったのではないかということだ。全体に墨をたっぷり含む筆は、プロしか使えない。ましてや、日常的に書く文字は芸術の書とは違う。手紙、大福帳、日記、記録、本の書き込みは、私のように悪筆の者でも、読める字を気軽にある程度美しく書かなくてはならない。しかも、昔の紙は貴重だった。少ない紙にぎっしり書くこともある。紙の裏に書くことすらあった。

巻紙を左手に持ったまま立て膝で手紙を書く女性。机がなくとも、筆記道具のひと揃えを箱の中に収め、墨をすって手軽に書いた。『吉原美人合』より

何枚もの紙を重ねたまま手紙を書いている女性。和紙と筆の性質によって、手紙はこのように書いても、下に写ることはない。
『百人女郎品定』のうち「月囲物」より

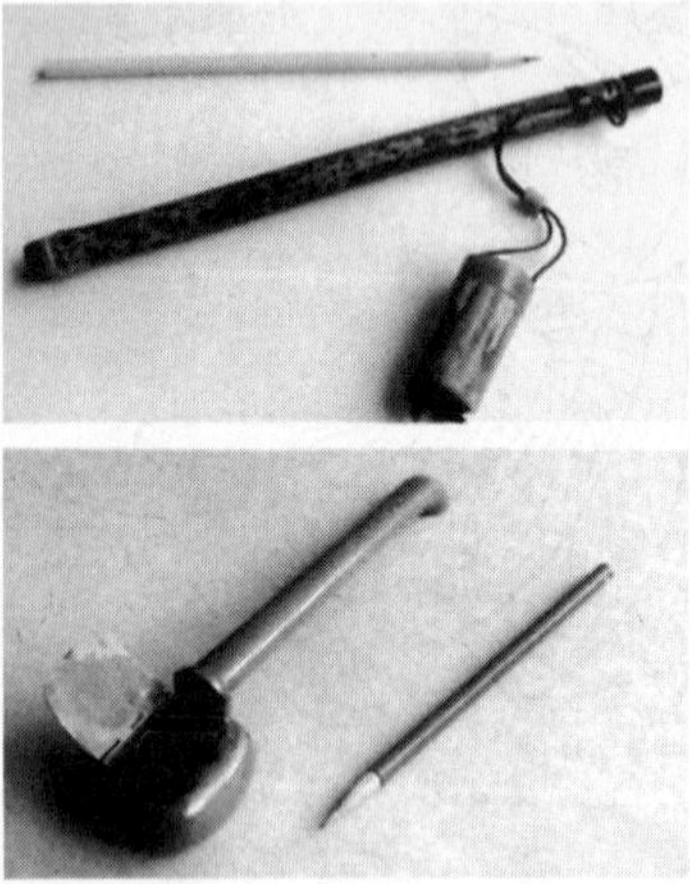

矢立（上＝田中優子蔵
下＝石川英輔蔵）

たとえば、巻紙の手紙は、巻いた紙を左手に持ったまま右手で書く。私は最初、墨が下の巻紙に写るのではないかと心配だったが、実際に書いてみるとまったく写らない。学校書道では必ずウールの下敷きをして文鎮を置いて書くが、じつは両方ともいらない。巻紙を手で持ったまま、巻きの部分を下敷きにして巻筆で書けば、立ったままでも絵や手紙を書けるから、旅行にはもってこいだ。

携帯用の硯もある。硯はへこんでいる必要はなく、ごく小さくても役に立つ。水滴を硯の上に置ければよい。私は、墨の刻んだものを入れる容器つきの矢立も持っている。座れない場合は、そこに水を数滴含ませて溶いて使う。こうして、立ったまま記録を取ることさえできる。そういうことがわかってきたので、私は明日から矢立を携帯し、いつでもどこでも筆で文字を書こうと思っている。ようやくワープロのもたらす貧しさから立ち直れそうだ。

着物での暮らし

田中　優子

私が頻繁《ひんぱん》に着物を着るようになって一〇年ぐらいになる。

その経験でわかったのは、着物の数多い利点だった。いくつか不便な点もあるが、それは主に、現代社会のライフスタイルと合わないことから生じる不便さで、着物の欠点とは思えないことばかりだった。今では、できることなら着物だけで暮らしたいと思っているほどだが、そのためには世の中が変わらなければならないこともたくさんある。

そこで、着物はどのような点が便利で、どのような点が今の時代に合わないか、考えてみた。つまり、今の時代に合わない点は、江戸時代に合っていた点だから、そちらの方から江戸時代の暮らしについて考えてみよう。

着物の暖かさ

着物はまず、暖かい。「暖かい」という表現は、単に温度のことだけをいっているのではない。体が暖かいものに包まれる感覚を想像してみてほしい。何とも気持のいい、ほっとす

砧打ち
木の台に布をのせ、独特の木槌でまんべんなくたたくと、肌触りが良くなる。『大和名所図会』より

る気分だ。もっと微妙にいうと、布によってその暖かさの感触に違いがある。

　もっとも暖かい感じがするのは、意外なことに木綿《もめん》である。それも、砧《きぬた》でよくたたいて仕上げた、柔らかい薄手の木綿である。

　江戸時代も中期になると、この薄手の柔らか木綿が庶民の日常着になるが、それは「貧しいから」ではなく、木綿を着る日常は世界で二番目ぐらいの贅沢《ぜいたく》だった。一番目の贅沢はもちろん、絹織物をまとうことだが、実際に着てみると、絹の贅沢と木綿の贅沢は贅沢の「意味が違う」だけで、甲乙つけがたいことがわかる。

　絹はさまざまな織り方ができる。紬《つむぎ》はやや硬いが、風通しがよくてさわやかで、軽く活動的に着られる。すべりにくいぶん、扱いやすい。そのほかにも、糸の細さや目のつみかた、多数の種類の織り方で、光沢のある重厚な布、光沢のある軽い布、光沢がなくさらさらと滑るような布、透き通るように薄いのに暖かい布、しっとり体にまとわりつくような布、麻のように体から離れる、硬い頼もしい布等々、絹はどうにでも織れる。とりわけ木綿と違うのは、同じ染料で染めても、色の鮮やかさに大きな違いがでることだ。

白絹はあくまで白く、染色はとりわけ美しい。絹の贅沢とはつまり、いくらでも美しくなることである。また、すべるようなまとわりつくような、あの生き物のごとき感触である。しかし時々、それがうるさく感じられることがある。

また、絹の暖かさは、冷たい空気を入れない暖かさだが、木綿の暖かさは、布が呼吸している空気の暖かさであるように感じる。全身が包み込まれ、ほっとするのは、木綿の方が上だ。私は、江戸時代直前から日本中で木綿が栽培され、織られ、普段着として急速に普及した理由がはっきりわかった。

私が着ているのは、まさに江戸時代中期に国産化された〈唐桟《とうざん》織り〉である。今や数少ない唐桟の職人である、館山《たてやま》の斎藤頴《ひで》、斎藤光司兄弟のものを私は着ている。唐桟は、戦国期の兵士たちが着た厚手の木綿とは違い、絹の代用品としてインドの薄手木綿をまねて作った〈サントメ〉織りのことである。サントメとは、インドのマドラスの南部にある町の名前だ。サントメとは、サントメ縞《じま》というように、縞模様《しま》である。

日本国内の藍《あい》やさまざまな木の皮を使った染料で糸を染め、それを縞に織る。特に藍は虫

夏の開放的な着付け
『絵本世都濃登起』より

正月の街頭風景
まだ寒いので重ね
着をしている。
『四時交加』より

を寄せつけないし、布がいたみにくい。汚れも目立たないし、色が褪せるとそれなりの風合いが出て、汚くは感じない。一枚の着物を何日も何日も着ていた江戸時代の着方で、じゅうぶん生活できるのだ。

着物の暖かさは、まず布の良さからきている。これに慣れると、化学繊維が辛くなる。江戸時代は、何と贅沢なくらしをしていたのだろう、と、布を触るたびに思う。しかも、美しく仕上がる絹はよそ行きに、心地のよい木綿は普段着にと、使いわけていたのだ。この布の感触の気持よさを覚えてしまうと、ナイロンのストッキングや化繊の下着を着たくなくなる。

着物の暖かさは、そのスタイルからもきている。上半身も下半身も「巻く」のだから、すっぽり包まれるのだ。締め上げるのではなく、体に沿って体に合わせて巻くので、必要なら何枚巻いてもかまわない。今では、襦袢《じゅばん》と着物を組み合わせるが、江戸時代では着物を二枚重ねることもあった。綿入れの着物もあった。寒ければ巻ける、というのは、寒がりの私にとって便利なことこの上もないが、江戸時代の人にとっても同様だったろう。

真夏はどうだろう。私は、真夏でもよく着物を着る。その最大の理由は、冷房から体をまもることができるからだ。私は、自宅にいる限り、真夏は冬よりむしろ活気にあふれているのだが、外出するたびにひどい疲労感に襲われる。冷房が大の苦手なのだ。

むろん、家ではまったく冷房を使わない。六月を過ぎると、洋服で外出の時は防寒着を

どの絵師の作品を見ても、江戸時代は今よりはるかにゆったりと着物を着付けていたことがわかる。
『教草　女房形気』より

二、三枚持って歩くが、着物を着ている限り、マフラー一本で充分だ。がんがん音がするほど冷房のきいた電車に乗るたび、なぜ真夏に、膨大なエネルギーのむだづかいをしてこんな目に遭わなければいけないのだろうと腹が立つ。江戸時代に生まれていれば、もっと生き生きと夏を暮らせたのに、とも思う。

そういう時、着物は本来、体を守るために存在したということがよく理解できる。

身体感覚と動作への影響

意外に思われるかもしれないが、着物を着ていると早く楽に歩くことができる。たとえば、ロングスカートと着物で階段を上がる時を比較してみるとよくわかる。前者では足がスカートを踏みそうになるので、つまみ上げることが多いのに、着物ではそういうことが起こらない。ちょっと不思議なようだが、着物は足の動きとともに動くからである。

走ったり歩いたりする時も、スカートと比較してみる。ロングスカートは足にまとわりついて邪魔な感じがするし、スーツのスカートでは、足がそう開かない。着物は普通に歩いても布が自然にひるがえるし、足を大きく開いて歩こうと思えば、巻きスカート部分がずれて、いくらでも開いていく。もちろん、これは東南アジアで男女ともに頻繁に見られる巻きスカートでも同じだ。

もし、着物を着ている時にスカート部分がうまくずれていかなかったら、これは、江戸時代には日常生活で着なかったような豪華すぎて重すぎる絹を着ているか、それとも着付けが間違っているのである。

靴をはかないで済む点も、歩きやすい理由である。今やほとんどの人、特に女性が、外反《がいはん》拇趾《ぼし》だというが、それはもちろん、靴で圧迫されているからだ。私は、一年前に一ヵ月ほど片足が動かなくなったことがあり、それ以来、せっかく持っているハイヒールもはけなくなったが、それはほっとすることでもあった。

靴は子供の頃から苦手だったからだ。だからといって、今ある草履《ぞうり》がすべてはきやすいわけではない。靴の影響を受けてでき上がった近代の草履の多くは、革製で重い。中には非常に丈の高い草履があって、これは重くてどうしようもない。私は、薄くて軽いのをはくが、江戸時代は下駄が多く、草履も雪駄《せった》のようなものだから、もっと軽かったはずだ。

わらじなら、軽いだけでなく、ダメになるまではきつぶして捨てて行く。使い捨て草履だったのだ。使い捨てといっても、はきものは、藁か、藺草《いぐさ》か木でできていたから、燃料か肥料になって土に返る。合理的だった。

着物を着ると、体の重心が変わり、動作も変わる。重心は明らかに低くなる。帯で腰をしっかりさせるからでもある。膝、腿、腰で体を支え、上半身は力が抜け、同時に姿勢がまっすぐになる。すると、上半身の動きが柔らかくなる。着物のシルエットの美しさはそこからもきている。最近、着物を着るといやに肩のはったシルエットになる女性がいるが、それは着付けが間違っているからだ。

着ることの創造性

シルエットや身体のデザイン、その人全体の印象は、着方でどうにでもなる。それが、着物のもっとも面白いところだ。しかし、最近では、そのことの重要さがほとんど忘れられている。

あるお正月、テレビ番組で立派なお座敷に女性たちが着物で並んでいた。十代から七十代近い女性までいたが、驚いたことに、すべての人の着方が同じだった。一目で、着付師が着せたことと、その着付師が着物を知らないことがわかった。

着物の着方とは、自分の個性を知ることであり、個性を表現することである。個性は刻々と変わる。年齢でも変わり、体型や顔の変化で変わり、着物のＴＰＯで変わり、季節でも変わる。着物は自分の着方で着るものだ、と断言できる。人に着せてもらった着物ほど似合わない着物はない。しかも、今の〈着方の価値の基準〉は、単に乱れず、しわがよらず、きれいに着る、ということだけであって、それ以上ではない。まるで制服のように考えている。着物の性質に、これほど反した思想はない。

秋景色
３人の女性がそれぞれ違った着付けをしていることがわかる。
『絵本世都濃登起』より

着物の着方とは、具体的にいえば、着物と帯と帯揚げ、帯締めの取り合わせ方から始まって、襟のあけ具合、襟の色の選び方、襦袢の襟と着物の襟とを重ねる割合、帯の位置、後ろのたいこの大きさ、体と帯の間隔、裾の微妙な長さのことである。それらに自分の好みをはっきり持つ必要がある。江戸時代の人々は、男も女も、デザイナーに頼ったりせずに、自分の感性だけで勝負していたから、デザイナーという職業はなかった。

着物は顔と同じで、その人の人格と思想とセンスが出るものだったのである。

着物をはばむ現代の暮らし

経験を通して、着物の心地よさ、暖かさ、くつろぎ、活動性、経済性、個人が着方に創造性を発揮できることなど、着物のすぐれた点について書いてきた。しかし、実際は、現代の環境がさまざまにじゃまをして、その素晴らしさをなかなか発揮できなかったり、理解されなかったりすることがある。

たとえば、洋服にとって楽な姿勢は、着物にとって辛いことがある。それをもっとも感じるのは車のシートだ。最初は、着物は後ろに帯があるから背もたれをじゃまに感じるせいかと思っていたが、そればかりではないらしい。椅子に深くよりかかり、沈み込む姿勢が、帯をしているおなかには窮屈なのだ。現代ではどこでもそういう座り方になるので、若いお嬢さんたちが着物を苦しいと感じるのも無理はない。

着物には、背筋をのばしている姿勢がいちばん楽なのである。その際、下腹に自然に力が入っているはずだし、下腹と腰で全身を支えて、上半身に余分な力が入らない。そのせいかもしれない。

着物を着ていると、肩がはるような話ができなくなるし、こまかなことにこだわらなくなる。背もたれつきの椅子の生活は、楽をしたい部分がずいぶん違うようだ。

確かにこのような、物理的な生活環境の違いも着物を着にくくしている。しかし、着物を着にくくしているもっとも大きな要因は、実は現代社会の価値観なのである。今回は主に、私の感じているその価値観とはどういうものか、書いてみることにする。

個性を認めない権威主義

私は着物がこんなに好きなのに、いつも着ていられるわけではない。その理由は、サラリーマンがオフィスに着て行くものが限られているのと同じだ。中学・高校の制服ほどではないにしても、現代の日本の〈世間〉は、大人にさえ極めて狭い服装しか許そうとしない。市会議員がネクタイやジーンズの問題でもめるのは、ばかばかしいとも思うが、それが世間の反映だと思う。

日本の近・現代社会は、江戸時代の日本と比べても欧米社会と比べても、明らかに異常な横並び主義だ。

珍しい人、個性的な人、変わった人が、目ざわりでしょうがない社会なのである。男性に求められるのは背広にネクタイ、女性社員はなぜか大人になっても制服を着せられる。着物など、生活に入る余地もない。私もそのような空気のところでは、人目の居心地が悪くて、着物を着られない。

江戸時代の手習い（寺子屋）には制服がなかった。幕府の最高学府だった昌平黌《しょうへいこう》（昌平坂学問所）にも各藩の藩校にもなかった。大店《おおだな》の服装規定はうるさかったが、それでも素材の制限だけだった。けっして観念的な理由ではなく、「贅沢するな」というだけなので、はっきりしている。贅沢に慣れると、使い込みなど金銭上の不正に走る可能性が高くなるからである。江戸時代の世間の基準は、だいたいどこでも「贅沢かそうでないか」だけで、「変わっているかどうか」ではなかったのだ。

もう一つ気になる人の目は、着物にうるさいおばさまたちの目である。「この間、貴女がテレビ出演の時に着ていた着物は、あのようなところで着るものではありません」と葉書が届く。襟の開け方、おはしょりの皺《しわ》、「着物とはこういうものだ」という根拠のない思い込みにこりかたまって、小さな問題を何かといいたがる。

私なら何かいわれても無視できるが、若者たちはこれでは恐れをなす。着ることが、失敗

帯をしめている。

江戸時代のどの絵を見ても、手習いの
生徒たちは好きな服装をしている。
『絵本操節草』より

すると〈罰〉を与えられる試練になってしまうのである。これではまるで受験勉強と同じで、そこには、喜びも創造性も入る余地はない。着物はとても創造性に満ちた衣装なのに、それをはばむのは現代の人間であり社会なのだ。

この権威主義は、着物に今日性を失わせる大きな要因となっている。私は、着物は江戸時代にそうであったように、生活や体型に合わせてどんどん変えればいいと思っている。博物館入りしたものはもはや変わらないが、生きているものは変わるのだ。たとえば、帯を桃山時代の細さにまで戻したっていい。

もともとが下着だった小袖は、ごくシンプルな衣装である。上着化して〈小袖〉となった当時は、帯も紐《ひも》かベルトほどに細かった。お太鼓結びなどは近代の発明なので、かつて帯はもっと面白く結んだ。襟元に気遣うことなく、皆自由な着付けをしている。髪もただ長く垂らしているだけだった。

それにひきかえ、現代の着物はどんどん豪華になる。業界も成人式の振り袖を売ることに懸命だ。しかし、もっと簡素な方向を提案することによって、日常着にしていく売り方もあるはずだ。振り袖信仰も、着物のじゃまをしている要因の一つだ。これも一種の伝統権威主義だろう。

私に娘がいたら、絶対にはじめての着物に振り袖を着せたりはしない。なぜなら、振り袖は豪華であればあるほど、動きにくく苦しいからだ。この体験で着物は窮屈だという固定観

細い帯をしめて、髪をたらしたままの女性が、洗濯（着物の手入れ）をしている。『絵本操節草』より

江戸・両国橋の舟遊び
男女全員がまったく違う模様の着物を着ている。
『絵本家賀御伽』より

念ができてしまうに違いない。

私に息子がいたら、よほどの理由がない限り、紋付き羽織袴を着せたりはしない。この体験で、着物は恰好《かっこう》がわるいものだという印象ができてしまうだろう。

私なら、まず夏に藍と白の浴衣《ゆかた》を着せて、隅田川の花火や祇園《ぎおん》祭りに連れて行くだろう。人からじろじろ見られることもなく、浴衣がもっとも美しく楽しく着られるからだ。息子なら、着流しで、娘なら羽織なしで、紬《つむぎ》を着せて歌舞伎にでも連れて行くだろう。気軽さと美しさのバランスがわかるからだ。

薄手の木綿を着せて花見に連れて行くのもよい。襟元も帯もどのようにでも扱えるものだと教えて、自分なりに個性的に着こなせば着こなすほどほめるようにするだろう。着物は、色彩感覚、デザイン感覚のもっとも良い教育の場なのである。

全体性や存在感を無視する社会

私は文章を書くのが大好きだが、本を出すようになると、さまざまな世の中の仕事が舞い込み、ある時期、どうしようもなく疲れ切ってしまった。精神的におかしくなり始めた。そんな時、次第に和紙や布や陶器に触れる機会が訪れるようになった。机上の勉強をするのではなく、文字通り「触れる」のである。そして、それらの〈もの〉とかかわるようになって、ようやく回復に向かった。

着物も、その時に私を救ってくれたものの一つだった。ものに触れていると、自分がなぜそれほど疲れていたかわかる。単に多忙のためではない。自分の〈全体性〉が、私の限界を超えて損なわれたからである。世間に合わせて自分で自分を切断し、切り売りし、その切断面によって人間関係が構成される。その繰り返しのサイクルから逃れられなくなる。これを人間の〈商品化〉という。

このサイクルに疲れると人に会うのもいやになる。

かつては、ものも人間も、人間としてのやりとりの中で作られていった。作り手つまり職人の心意気が見えたし、間に立つ商人ともコミュニケーションがあった。着物はそのように作られ、また、使った人から次の使い手へと渡っていった。一枚一枚に個性があり、物語があり、存在理由があった。その存在感を大事にしていたならば、着物はけっして今日のように衰退しなかった。

今はその代わりに、着物までがブランドで高い値をつければ売れるようになった。そうなると、今の着物はただ高いだけで、どんな人がどのような工夫努力、あるいは喜びのもとで作っているか、その経緯がわからなくなる。

ものや作り手に惚れ込まなければ、着物は買っても意味がない。着物は確かに商品なのだが、商品でない面、存在としての価値があって、自分の全体性つまり身体や歴史や考え方や情感がそこにかかわることで、「着こなす」ことになるのだ。こんな屁理屈をいわなくても、かつて人は意識せず、そのように着ていたのだが。

経済効率だけが重要

なんといっても、着物を着にくくしているもっとも大きな要因は、「現代的意味での効率偏重」である。着物は全体として、エネルギー効率のすぐれた衣服だ。江戸時代は、少なく買って何度も着るのが当たり前だったし、家族の中で受渡され、古着屋も繁盛し、すりきれても袋物や布団の皮にして徹底的に使う、まことに優秀なリサイクル商品だった。

しかし、現代社会で何より重要なのは経済効率だ。再生用の古紙は、どの自治体でも山と溜まって悲鳴をあげている。どんどん木を伐採して、どんどん作って捨てた方がコストが安いそうだが、いくら考えても、この理屈は私には理解できない。

これは、ごくごく短い時間の単位でしかものごとを見ていない証拠である。「今自分がもうかればいい。あとは知ったことか」という発想が、経済効率優先の裏には潜んでいる。

紙に限らず、洋服も同じだ。ヨーロッパのブランドは職人仕事の成果だから、繰り返し修理しながら一生使う、というのが本来の使い方だ。しかし、ブランドあさりのお嬢さんたちにとっては、流行を追って次々に捨てては補給しないと、自分の価値が下がるような気がす

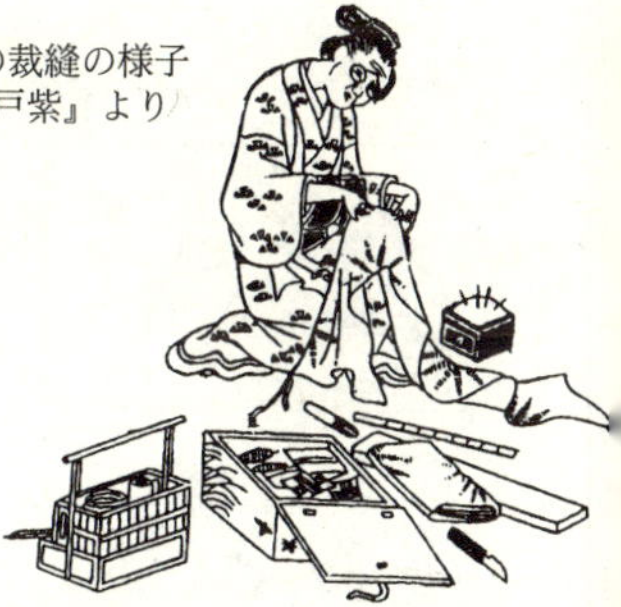

家庭での裁縫の様子
『絵本江戸紫』より

裁縫の様子
かつてはどこの家でも見かける
ありふれた光景だった。
『和国百女』より

るらしい。この発想で着物につきあうことはとうていできない。

　また、着物は、家の中に裁縫する人がいる前提で存在していた。

　襟が汚れれば襟をつけ替え、洗い張りも自分でやった。手間をかけ、少ない数の着物を「手入れ」し、かわいがりながら着こなしていくという、非常にエネルギー効率のすぐれた〈もの〉への姿勢がかつてはあった。だが、手間などかけずに大量消費した方が経済が成長して良い、という考えのもとでは、着物は生きられない。

　着物のもとになる反物《たんもの》つまり絹や木綿の布も、その多くは村の女性たちが桑《くわ》を育て蚕《かいこ》を養い、絹糸を作り、あるいは綿花を栽培して綿糸を紡《つむ》ぎ、染め、織り上げたものだった。江戸時代の女性たちは、自分や家族のためにも布を織るばかりでなく、市場に売りに行くためにも織った。

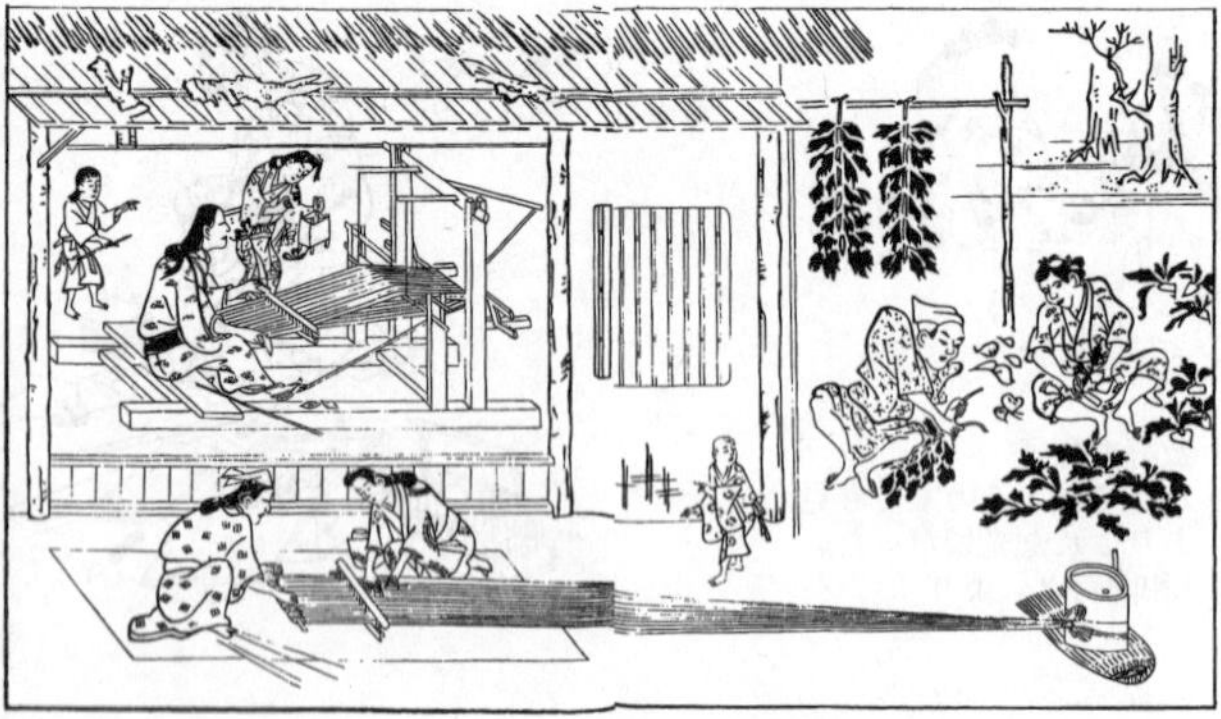

糸紡ぎ、機織りは主に女性の仕事だった。『大和耕作絵抄』より

河内木綿　右の女性二人は紡車（つむぎぐるま）を持ち、中央の女性は機織りをしている。ここでは、販売が男の仕事だったらしい。『河内名所図会』より

私の住まいに近い八王子や多摩の村々では、女性に現金収入があって、男性にはなかったのである。織物は女性の強さのもとだった。

織物は江戸時代の日本の重要な産業で、女性たちが職人として高度な技術を持ち、絶えず新しい流行や技術を習得して市場に出していたため、中国やインドからの輸入ばかりに頼ることもなく、ヨーロッパの商人たちに弱みを握られることもなく、自立を保つことができたのである。

これは、インドからの綿布の輸入で失業率が上がり、莫大な資金を投じて産業を機械化しなければならなかったイギリスと比べれば面白い問題だ。布を研究すると、機械化すれば文明だ、という考え方がいかに幼稚なものかがわかる。女たちの手間をかけた手仕事が、江戸時代の職人仕事と文化を確実に高めていた。

着物一つとっても現代が見える。着物が生きにくいこの環境の中でも、着物の側から発信してくる存在感につきあいたいと思う。それがこれからの大切な価値観になるはずだ。

着物と洋服のエネルギー

石川　英輔

これを書いているのは真夏の八月だが、家にいる時の私は浴衣《ゆかた》を着ていることが多い。今は独り暮らしなので、人が来ればすぐ玄関に出なくてはならないから裸ではいられないし、だからといってあまりきちんとした服装で一日座っていれば、くたびれてしまう。

ところが浴衣なら、兵児帯《へこおび》をゆるく締めて胸をはだけていれば、体の感覚としては裸に近いし、そのままベッドで横にもなれる。しかも、急に誰か来れば、数秒間で衣紋《えもん》をつくろって人前に出られる。衣紋をつくろうというのは古い言葉だが、両手で前を合わせるだけで身づくろいできるのだ。

アブハチ取らずの衣服文化

田中さんも書いておられるように、着物には袖《そで》があるものの、要するに体に布を巻きつけた上に帯を巻くだけなので、締めるのもゆるめるのも自由自在。好きなように着られるし、やや締めぎみに着て下駄をはけば、わずか一、二分前までベッドで寝ていたと思われない恰《かっ》好《こう》で散歩にも出られるから、まことに融通のきく衣服なのだ。

ところが、先日テレビを見ていたら、男の浴衣の着付けを教えているではないか。それも、襟《えり》の合わせ目はどの位置にして、兵児帯はどのように結ぶかについての精緻《せいち》な説明が続く。私にとっての浴衣とは、もっとも身近でいい加減に着られる衣服であり、わざわざ「着付ける」ような衣服ではない。見ているうちに、まるで、パジャマの着方をていねいに教えてもらっているような奇妙な気分になった。

テレビならまだいいが、着付け学校には〈男性の着付け教室〉を開いているところがあるそうで、そのカリキュラム（！）は、浴衣の着方から始まるそうだ。このことを知人に教えてもらった時には、大げさないい方をするなら、今の日本人の文化的状況がいかに中途半端になっているかを象徴しているような気がしたものだ。

現在のわれわれは、ヨーロッパ式のいわゆる洋服を着こなしているつもりだが、どう見ても洋服をヨーロッパ人種なみに着こなせているとは思えない。私はかつて十数年間ヨーロッパ人相手の仕事をしていたが、商用でヨーロッパへ行くたびに、私自身を含めて日本人はまだ洋服が身についていないと痛感したものだ。

体つき自体がヨーロッパ人と違っているので、着ている当人は立派に着こなしているつもりでも、本場へ行って見れば、どことなく西洋人が演じる歌舞伎を見る時のような違和感が残る。この印象は今でも変わっていない。

それなら、伝統的な衣装である着物を着こなしているかというと、今では洋服以上に身につかなくなっている。若いうちから、着物を着るのは成人式か結婚式ぐらいで、浴衣でさえテレビで着付けを教えるほどだ。自分の判断で好きなように着ることさえできない衣服が、身につくはずはないのである。

私たち日本人は、伝統的な衣服を捨てたが、体型はひょろ長くなったほか大して変わっていないので、洋服もそれほど似合わない。いわゆるアブハチ取らずの状態になってしまった。これも近代化の結果の一つだが、着物文化を失ったことは、私たちが膨大なエネルギーを消費しないと生きていけなくなったことの一つの現われでもある。

着物と洋服の構造

着物とエネルギーは無関係のように思えるが、洋服に比べると着物ははるかにエネルギー効率の良い衣服なのだ。着物を着慣れない人は、ずいぶん複雑な衣服だと感じるかもしれないが、実をいうと着物は非常に単純な構造をしている。

普通の大人用の着物は、細長い一反の布から、袖、前身頃《まえみごろ》、後身頃《うしろ》、衽《おくみ》、共襟、襟の八つの部分をむだなくきっちりと裁断して仕立てる。一反という規格は、着尺物《きじゃくもの》（着物用）なら、幅九寸五分（三六センチ）、長さ三丈（一一・四メートル）だが、布を計る場合は、一尺が三〇・三センチの曲尺《かねじゃく》ではなく、三七・九センチの鯨《くじら》尺を使う。

ここに女性用の標準的なひとえもの（単衣《ひとえ》）の裁《た》ち方の図を出しておくが（次頁）、はんぱな裁ち落とし部分がなく、まったくむだなしに裁断することがわかるだろう。比較のために、洋服の例として女性用スーツの身頃の作図を出しておくが、体の形に合わせて作る洋服では、いかに複雑な裁断をするかよくわかる。少なく見積もっても、布の面積の一〇パーセントから二〇パーセントは裁ち落とすことになるが、裁ち落とされた布は複雑な形をしているため、ほとんど利用できない。このように、着物と洋服では、布の有効利用面積という初歩的な段階で、すでに二〇パーセント近くの違いが生じるのだ。

もちろん、今では大量生産、大量消費、大量廃棄しなくては経済が発展しないから、物資をむだなく使うのは愚かなことだと考える人も大勢いることは知っている。だが、私たちは、資源をできるだけむだなく使う方が良いという立場でこの記事を書いている点を忘れないでいただきたい。

資源をできるだけ有効に使うという点では、着物はひじょうに優れた衣類だ。ただ布を有効に使うというだけではなく、太ってもやせても、着付け方だけで無理なく着られるから、太ってしまえばもう着られなくなる洋服とは大違いである。着物は、布を体に巻きつけることを基本とした衣服だから、やせていれば深く巻きつけ、肉づきが良くなれば、浅く巻きつけるだけで自然に着られる。体型が変わったからといって古い衣服を捨てたり、仕立て直し

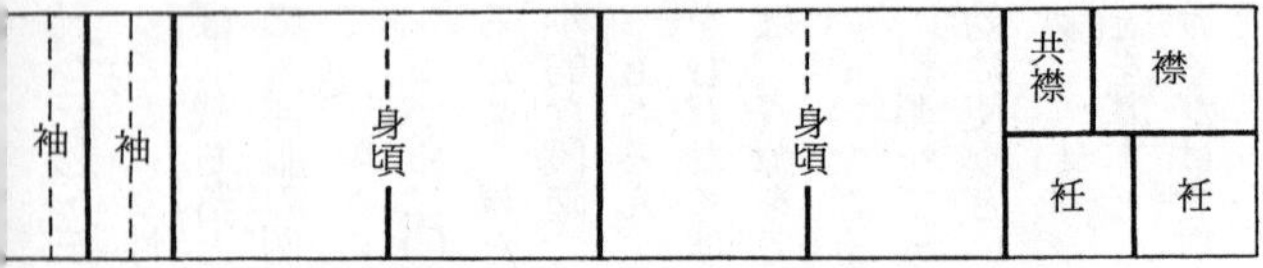

女性の着物（ひとえもの）の裁ち方
このように、一反の布からまったくむだなく八つの部分に裁つ。

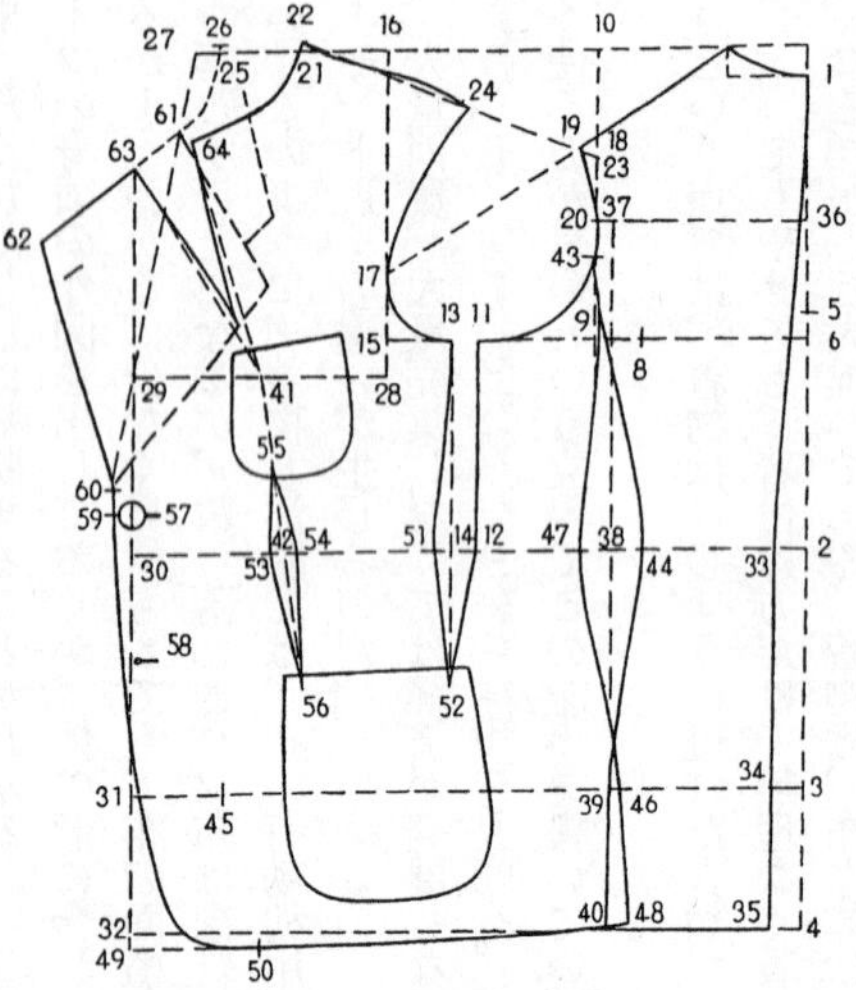

女性用スーツの身頃の作図
このような複雑な線で裁断するため、10〜20パーセントの布がむだになるし、再利用もしにくい。

たり簞笥《たんす》のこやしにしたりする必要はないのである。

たとえ太らなくても、いい年をして若い頃の着物を着ちゃいられないという場合は、娘に譲ればそのまま着られる。実際、かつての着物は、祖母から母へ、母から娘へと次々に受け継いで大切に着るのが普通だった。田中さんも、亡きお祖母さま譲りの着物を美しく着ておられる。

また、たとえ柄《がら》が流行遅れになっても、基本的には同じ形だから、年齢にふさわしい色や柄に染め直すことができるし、若い頃作った着物を年齢相応の色に染め直しながら着続けることもごく普通だった。

とにかく、布がひじょうな貴重品だった時代は、江戸のような大都会でさえ流通していた着物の大半は古着だったのではないかと私は想像している。江戸時代も着物の柄の流行はあったが、いつも新しい着物を身につけていられたのは、芸者のように特殊な職業でなければ、裕福な商家の女性ぐらいだった。

田中さんの体験によれば、着物は、一つの季節に一枚あればなんとかなるという。襟も黒いのをつければあまり汚れが目立たないし、季節の変わり目に洗い張りをして、あとは下着を洗うだけでいいそうだ。空気のきれいだった江戸なら、わずかな枚数を持っていれば充分にやっていけただろう。

着物のメンテナンスとエネルギー

しかし、同じ着物を孫子の代まで着続けるためには、よほどていねいに扱う必要があった。洗濯も、丸洗いして火熨斗《ひのし》（アイロン）をかけるなどという乱暴な扱いをすれば布がいたんでしまうから、洗い張りをした。洗い張りとは、着物の糸を解いてもとの八枚の布に戻してから洗い、独特の方法で乾燥する洗濯法のことだ。

洗い終わると、浴衣などの木綿ものは、一反の布をやや余裕をもって張りつけられる大きさの〈張り板〉に糊づけして張りつけ、乾いたらはがしてまた仕立て直すのである。江戸の裏長屋で戸板をはずして洗い張りをしている絵があるから、張り板も買えない庶民は、こんな略式の方法を使っていたことがわかる。

板に張りつけて乾かした布は、アイロンをかけたようにぴんとなるが、同時に風合いが失われるので、絹物などは伸子《しんし》張りという独特の方法で乾燥した。洗濯した八枚の部分をもとの位置に並べれば、長方形の一反の布になるから、糸で簡単につづり合わせて一枚にまとめる。

しかし、このまま乾かせばしわになるから、一反の布の幅よりやや長い竹ひごの両端を尖《とが》らせた、あるいは細い鉄の針をつけた〈伸子〉を使う。尖った両端を布の端に軽く刺し、伸

柳原の古着屋街
神田川沿いの柳原には、数多くの古着屋が軒を並べ、江戸の住民に豊富な衣服を安く供給していた。　『江戸名所図会』より

子を弓のように曲げて、布を幅方向に張らせるのだ。

伸子は五センチ～一〇センチぐらいの間隔につけるから、布全体が均等に張ってしわが消える。全体に伸子をつけ終わると布の両端を板ではさみ、全体が水平になるように吊って乾燥させた。伸子張りは、板張りと違って、ゆるやかに支えられているだけなので、布の自然な風合いを生かしたまま乾かすことができた。

完全に乾燥するとまず伸子をはずし、つづり合わせた糸を抜いてまた八枚の部分に戻してから、仕立て直してもとの着物にした。今考えれば、よくもあれほど面倒なことを平気でやっていたものだと思うが、その時代にいれば、どこでもやっている当たり前のことなので、特に面倒とも大変とも思わないのである。

板張りも伸子張りも、まるで歴史上の技術のように思われそうだが、昭和二十年代あたりまではどこの家でもごく普通の家事で、私は、母や姉がやっていたのを覚えているばかりか、竹ひごの両端に細い鉄の針が植えてあったその当時の伸子の形まで、ありありと記憶に残っている。着物をよく着る家ではかなり後までやっていたから、五十代ぐらい、場合によっては四十代の人でも経験者がおられるはずだ。

江戸時代は、毎年着物を下着まで揃えて一式新調しても、二万キロカロリー程度のエネルギーしか消費しなかった。しかし、実際に新しい布で毎年作れる人は少なかったから、大まかにいって一年間に衣服のために消費するエネルギーはその半分以下、つまりせいぜい数千キロカロリー程度だったと思う。

これに対して、現代人は衣服のために年間一五〇万キロカロリー程度使っている。もちろん、現代のわれわれの方がはるかに大量の衣服を消費しているのだが、どう考えても、使用エネルギーの差、つまり一〇〇分の一とか二〇〇分の一とかいう数字ほどには、先祖の衣服が貧弱だったとは思えない。

その理由は、やはり生活知識がエネルギーの代替をしているからだと思う。たとえば、洗い張りと洗濯機での丸洗いを比べると、洗い張りをして仕立て直すには一〇〇倍単位、恐ら

戸板を張り板として洗い張りをする裏長屋の女性
『絵半切かしくの文月』より

伸子張り
洗った一反の布を、細い竹ひごの両端を尖らせた伸子で左右に張り、水平に吊るしてのりづけ、乾燥する。
『和国百女』より

町中で洗い張りをしている。水平に張って干しているのが伸子張りで、右の建物に立てかけて干しているのが張り板。
『江戸名所図会』より

くは数百倍の知識と技術がなくてはうまくできないだろう。

しかし、布をいためず、一枚の着物を着続けるためには、長い期間をかけて洗練されたこの手法が必要だった。そして、そのおかげで、エネルギー消費が一〇〇分の一以下だったとは思えないほど豊かな、きわめてエネルギー効率の良い衣生活を送ることができたのだ。

木製品を使う

石川　英輔

少なくなった木製品

最近は木で作った道具を使う機会がめっきり少なくなった。木製の品物は、プラスチックやステンレス製品より大量生産しにくくて値段が高いせいか、目先の損得を考えてたいていの道具をプラスチックか金属で作るようになってしまったからだ。

また、木はプラスチックや金属やコンクリートのような素材と違って、水を吸うし腐りやすいから、欠点だけに目をつければ人工的な素材の方がすぐれている。だが、その欠点を裏返して考えると、たとえば木造住宅には材木の吸水性による湿度調節機能があるし、腐りやすいため不用になった場合の処理も簡単だ。木製品は、燃やしても捨てておいても二酸化炭素と水に分解して、いずれは生長中の樹木に吸収されて木に戻っていく。

単純に考えれば、木製品を使うとその分だけ樹木が減るような気がするが、使えば確実に減る石油などと違って、樹木はまた生えて来る。人手のまったく入っていない原生林やほとんど人手の加わっていない自然林はともかくとして、手入れの行きとどいている人工林では、適当な木材の需要があった方が林業が盛んになって良質の木が増える。

逆説的にいうなら「使えば樹木が増える」のだ。

そういう理屈はさておいても、木製品には肌触りが良いという大きな特長がある。私の仕事机は引出しの取手以外は全部木製なので、当たりがやわらかいし、冷えきった冬の夜中に触ってもあまり冷たく感じない。木製は寿命が短いというが、四〇年以上も使い続けているのにどこもこわれない。

プラスチックと鉄でできた回転椅子やスチール家具は、何度もこわれて取り替えたが、木製の机は単純な構造のため、故障する部分がないのである。一三〇〇年も前に建った法隆寺の木材の強度は、新築当時とあまり変わっていないそうだから、四〇年や五〇年ではびくともしなくて当然だろう。

下駄をはく

私が机の次にひんぱんに使う木製品は、下駄である。ただし、私の場合は、寒い季節にははかない。はだしでも足が冷たくない季節だけ、近所へ出かける時にはく。子供の頃からはきなれているせいだろうが、木製の下駄はまことに気持が良い。下駄になれると、夏の間

江戸市街の絵を見ると、わらじ、草履、雪駄ばきの人が多く、下駄は思ったより多くない。ややぜいたく品だったのかもしれない。『四時交加』より

は、靴下をはいて狭い靴の中に足を入れるのを気持悪く感じるほどだ。

靴やサンダル全盛の現代だが、はく人が減ったとはいえ、下駄はまだわが家の近くの商店街では手に入るし、鼻緒も適当に調節してくれる。そういう下駄が、はたして昔から使っている伝統的な形なのだろうかと思って江戸時代の絵を調べてみると、昔の方が種類は多いものの、今のような下駄もふつうに使っていたことがわかる。

昔と違って鼻緒の芯に丈夫な合成繊維を使っているため、雨の中で鼻緒が切れるというなさけない体験をする機会が減った点は有難いが、下駄のはき心地という点に関しては今も昔も同じと考えていいだろう。

今ではどこへ行っても道路がコンクリートやアスファルトでかちかちに固めてあって、地面の上を歩くのとは感触が微妙に違うが、昔ながらの砂

江戸の下駄メーカー
神田の下駄新道という通りには、下駄製造業者が軒を連ねていた。
さまざまな形の下駄を作っている。
『江戸名所図会』より

利道も土の道も方々に残っているし、大きな下駄問屋では、今でも昔の絵で見るのと同じようなさまざまな形の下駄を売っている。場所を選べば、先祖とまったく同じ気分で歩く体験ができることは保証していい。

下駄の長所

はいてすぐにわかる下駄の長所は、足がむれない点である。私のようにはだしでも冷たくない暖かい季節だけはく場合は特によくわかるが、足がいつも外気に直接触れているため、夏の靴下の中のように細菌にとって快適な温度・湿度にはならない。せいぜいほこりで汚れるだけで臭くならない。細菌学的には靴よりはるかに清潔なのだ。昔から、下駄を常用する人は水虫にならないというが、絶対にならないかどうかはともかく、非常になりにくいことは確かだと思う。

現代人には潔癖なほどの清潔好きが多いそうだが、だからといって下駄をはく人が増えないところをみると、手に触れる部分だけは気にしているが足の清潔さはあまり考えていないことになる。どこまで本気の清潔好きなのか、怪しいものだ。

また、女性の場合、ハイヒールをはくことで足の親指のつけ根が反り曲がる外反拇趾《がいはんぼし》というやっかいな症状になりやすいが、下駄の場合は鼻緒を親指と第二指の間にはさんで歩くので、鼻緒と足が擦れるほかに外部から無理な力がかからない。実際に下駄をはいて歩けばはっきりわかることだが、靴をはくのに比べて足が楽である。大げさにいうなら、解放感がある。

十九世紀のヨーロッパでは、女性が腰を細く見せるためにコルセットで体を締めた。かつて『風と共に去りぬ』という映画の中で、ヒロインが盛装するためにコルセットを締める場面を見たが、立っているスカーレット・オハラの両側からぎゅうぎゅう締め上げていた。あれなら本当に体が細くなるだろうと思ってびっくりしたものだ。あの時代のヨーロッパの上流階級の女性は、実際に肋骨《ろっこつ》が変形していたそうだ。

明治時代以後、伝統的なものには片端からけちをつけないと気のすまない西洋崇拝の人が大勢いて、日本の女性は着物を着て帯を締めるから体が変形するといっていたが、伝統的なふつうの着付けでは、帯は締めるというより巻きつけるものだった。積極的に体を変形させるために「締めあげる」昔のコルセットとはまったく異質である。

現代人が昔のコルセットを見て不自然に感じるのと同じように、江戸時代の人に靴をはかせれば、やはり窮屈で不自然に感じたはずだ。特に、足が変形して外反拇趾になるような靴は、いわば足のコルセットであり、下駄や草履をはき慣れた昔の人なら、痛くてはりなかったのではなかろうか。

西洋式の生活を受け入れられないのを「おくれている」というのなら、昔の人は確かにおくれていたのだろう。だが、目先だけ進んでいるように見える生活をして肉体を変形させるいかがわしい進歩より、おくれた生活でいいから健康でいたいという感覚を、そろそろ取り戻した方が良さそうだ。

下駄の短所

下駄をはき慣れていて、快適なはきものだと知っている私でさえ、近所へ出かける時しかはかない。その理由は、今の世の中が下駄で歩きにくいようにできていて、下駄ばきで電車に乗ったり町の中を歩いたりするのはいろいろな意味で危険だからである。

まず、立派なビルになればなるほど、床がなめらかで固い材料でできているから、やはり木製の下駄の歯とは相性《あいしょう》が悪く、滑りやすくて危険だ。私のように下駄をはき慣れていても、ふつうの道を歩くようには歩けない。下駄をはいてこういうビルに入ってしまった時は、なるべくそろそろ歩きながら、できるだけ早く脱出することにしている。

また、最近では土地の有効利用のために都市が立体化したため、どこへ行っても階段だらけだ。古い神社仏閣なら階段の踏みづらが広く作ってあるから、下駄でも安心して昇り降りできるが、近代的建築のは狭いため、下駄の前後が引っかかりそうだ。特に階段の下りは、下駄の爪先が下向きにならないようにして降りないと危ない。平らな床面でさえ歩きにくいのに、ちょっと出歩くだけでも数多くの階段を昇り降りしなくてはならないから、危険度は飛躍的に高まる。

さらに、混雑している場所を歩いたり、満員電車に乗るときは、人の足を踏みそうになるというより、実際に踏んでしまう危険がある。下駄は歯のぶんだけ高く、男ものの下駄の下

下駄の歯入れ業者
下駄は歯が真先にすり減るので、歯だけを交換できる構造のがあり、歯の入れ換えをする職人がいた。昭和30年代頃までは、下駄を売る店でやってくれた。『四時交加』より

には、女性の靴の爪先がすっぽり入るから、気がつかないうちに踏みつけて悲鳴を上げさせかねない。

つまり、現在の都会は、はじめから下駄のような伝統的なはきものをはいて歩くことを考えに入れずに設計してある。靴という西洋文明を代表するはきものをはかずに侵入する野蛮人は、はっきり拒絶していると考えた方がいいだろう。

高校生だった昭和二十年代前半、私は朴《ほお》の板でできた歯を入れた〈朴歯《ほおば》〉という高い下駄をはいて電車で通学したものだが、当時は特に危険でもなく、人に迷惑をかけることもなかった。大勢の人が下駄をはいていた時代で、通路までつるつるに仕上げた建物はほとんどなく、駅の階段でさえ木造のが多かった。世の中が、下駄ばきの人に合わせてできていたのである。

下駄ばきで歩いて気づくこと

いささか話は飛躍するが、最近ではかなり破滅的な環境破壊が話題になり始めた。南極上空のオゾンホールあたりまでは、まだ遠くのことという感じだった。ところが、ダイオキシンや外因性内分泌攪乱化学物質、いわゆる環境ホルモンあたりになると、本当にどれほど危険かどうかはともかくとして、次第に他人ごととしてばかりは聞いていられなくなってき

左の女性は、三枚歯の下駄をはいている。下駄もファッションの一部だった。
『絵本物見岡』より

た。

だが、よく考えると、こういう問題が次々と起こる根本的な理由はただ一つしかない。要するに、不便な伝統的生活を捨てて、より便利で文化的ということになっている生活を次から次へと無批判に受け入れた結果なのだ。

この世には、無償で手に入るものはない。子供でも、もの心がつけば、店で売っているものをお金を払わずに手に入れてはいけないことぐらい理解する。ところが、人類はほんの数十年のうちに自然科学を応用した技術を飛躍的に進歩させて、夢のように便利な生活ができるようにしてしまったのに、その代償をどういう形で支払う結果になるかを真剣に考えた人はほとんどいなかった。

大部分の科学者や技術者は、目先の仕事に追われて先のことなど考えもしなかったというのが本当のところであって、今でも、経済的利益と経済成長を最優先する発想はほとんど変わっていない。こんなことをいっても、まともに耳を傾けてくれる人はまだほとんどいないと思うが、便利なことを始めれば、必ずどこかでその代償……ツケを支払わなくてはならない日がくることをそろそろ意識しておくべきだ。

東京・中野の同じ場所に、昭和十五年（一九四〇）から住んでいる私は、ここ三〇年間というもの、下駄ばきで歩ける範囲が年を追って狭くなると感じながら暮らしてきた。それは同時に、日ましに便利になる一方で、便利さの裏返しとして狭い道路に自動車があふれ、庭のある家が減って、暮らしにくくなっていく日々でもあった。

伝統的な生活を振り捨てる一方で、必死になって取り込んでしまった欧米式の文明に対し、われわれは今後どのような代償を支払い続けなくてはならないのだろうか。

下駄をはく

田中　優子

下駄の敏感さ

下駄で歩くのはつらい。

下駄のせいではない。道のせいであることは、歩きはじめてすぐわかった。

私は時々、バスや電車に乗らずに四〇分ぐらいかけて隣の町まで歩いて行くが、素足に下駄で歩くと堅いアスファルト道路の反動が一足ごとに響く。庭の柔らかい土の上を歩くときの快適さを知っているだけに、私はすぐに日本の道路を批判したくなった。

しかし今や、道は車のために存在しているのであって、歩行者のために存在しているのではない。しかもその歩行者とは、靴をはいた歩行者なのだから、雨が降って泥道になれば、たちまち歩行者からも文句がでるだろう。

舗装道路は馬車のために作られた。ヨーロッパ全域のローマ帝国圏はもちろんのこと、中国にもあったから、西洋だけのものではないが、馬車を使わなかった江戸時代までの日本は、生活が舗装道路向きにできていなかった。一八八六年ごろから日本でも馬車に合わせた舗装が少しずつ行われるようになったが、それでも全体からみればごく一部にすぎなかった。それが、関東大震災後の復興や戦後の自動車の普及にしたがって、全国いたるところ、田舎《いなか》の隅々まで道路は舗装されていった。

車のために道路は変わり、結果として下駄は使えなくなった。

私の暮らしている町田市のはずれは、東京都でありながら山の緑、畑の緑が残り、農業を続けている人も多い素晴らしい環境だ。書斎の窓の前には栗《くり》畑が広がる。丘の上には牧場がある。窓を開けるといつも川の音が聞こえる。町田市の道路には〈問題〉があるといつもいわれており、実際に車で来ると、隣接の市から町田市に入ったとたんに道が狭くなる。だが、それは車にとっての問題であって、車に乗らず歩くぶんには何の問題もない。私の

遊女は吉原ではこのように、素足に黒塗りの下駄をはいた。
『吉原美人合』より

暮らす町ではそれを逆手にとって、歩行専用の道を丘の上に計画している。ところが、下駄で歩いて気がついた。こんな環境でも、道はほぼ一〇〇パーセント舗装されているのである。

私は下駄で、川に沿って歩いた。この川は昔から境川といい、かつての武蔵《むさし》国と相模《さがみ》国、現在では東京都と神奈川県を分けている川だ。今では川面はだいぶ下になっていて、川べりを歩くという状態ではない。それでも、スニーカーで歩いていた時に、川沿いの道の一部が舗装されておらず土のままだった記憶があるので、そこまで行けばきっと楽になるだろうと期待した。

今度も期待はずれだった。来てみると、その道はやはり一種の舗装がなされていることがわかったからだ。アスファルトではないが、大量の砂利を土の中に混ぜ、しっかり固めている。土の色が見えるものの、土ではない。スニーカーでは気がつかなかったが、下駄は即座に道の状態を判断した。

下駄で今の道を歩くのが辛いのは、下駄がまるで裸足《はだし》の足の裏のように、道に対してきわめて敏感だからなのだ。下駄をはいてみると、普段私たちは、道を目で見ているだけで、足で感じてはいなかったことがわかる。私は着物を着ることが多いので草履もよくはくが、今やほとんど靴と同じようにできている皮のエナメル草履は、下駄のように道の状態を足に伝えたりはしない。木は身体と同じように敏感なのだ。

かつて中国に半年暮らして、旅から旅への生活をしていた当時、舗装されていない道をずいぶん経験した。バスが通ると砂埃《すなぼこり》をかぶる。雨が降ると水びたしになり、あまりのことに民家に避難したこともある。江戸時代の道とはこういうものか、とその時思った。いずれも極端な例だが、下駄はそのような道ではく履物《はきもの》だったのだ。

小学生時代の豊田正子が『綴方《つづりかた》教室』に書いた昭和初期を描いた文章に、次のようなくだりがある。

「ある風の強い夜でした。道がカラカラになっているので、外を歩いている人の足音が、とてもよく聞えます。そのときでした。道のよいのに、あしだをはいて、カランカランと音をたてて、家の方へくる人がありました」

舗装されていない道路では、道がかなり乾いている時だけ、履物の音がすることがわかる。逆にいえば、道が普通の状態か濡れているかすれば、足音がしないのである。足音の描写で空気まで感じ取ることができる。また、足駄《あしだ》と呼ばれる高下駄《たかげた》は、雨の時だけはいていたこともわかる。

日本以外の国へ行くか、昔の文章を読むか、そういうことでもしない限り、下駄の本当のはき心地はわからなくなってしまった。私も、土のある環境で育ったはずなのだが、今やその感触は忘れかけている。

下駄を買う

下駄は以前から持っているし、だいぶはいているが、改めて下駄を体験することになって、もう一足買うことにした。以前から持っている下駄は塗りの下駄だったので、白木《しらき》の桐《きり》下駄をはいてみようと思ったのだ。大学の近くの神楽坂《かぐらざか》にある『助六』へ行った。ここは神楽坂芸者のおねえさんたちが下駄や草履を買いに来る店である。

下駄は鼻緒で調整する。気に入ったのを選ぶと、ご主人は足の大きさを聞いてくる。昔は、足の大きさの単位が〈文《もん》〉だったから「何文ですか?」と尋ねたのだろうが、今はセンチだ。自分の大きさをいうと、それに合わせて鼻緒をゆるめたりきつくしたりする。下駄の木の部分の大きさは変わらないのだから、ちょっと不思議な気分だ。

とりあえず、調整してもらった鼻緒に足を入れると、右足がきつい。私は右足がやや大きいことは、靴をはいてわかっていたが、下駄の方がはっきりと感じ取れる。右足だけを再びゆるめてもらうと楽になった。靴だと、高価なオーダーメイドでない限り、こうはいかない。

「鼻緒が痛いというかたがいらっしゃいますが、こうやって調整すればそんなことはないです」

役者たちが湯屋に行くところ、帰るところ。塗り下駄をはいている。ふだんの外出には草履をはくが、湯の行き来には下駄をはいたようだ。
『役者夏の富士』より

と、ご主人は話してくれる。なるほど、デパートではこうはいかない。先日も、必要に迫られてあわててデパートで草履を買ってしまい、はいているとどうも調子が悪くて困った。その場ではわからなくても、はいていると、微妙に良かったり具合が悪かったりするのだ。

相談しながら買い求め、相談しながら調整しながら長く長く大切に使う、というものの使い方がかつてはあった。そうやって、個々のものを個々の人間の事情に合わせて使っていたのである。使い勝手だけではなく、素材、色、鼻緒を、好きな組み合わせで作ってもらえる。

鼻緒が古くなれば、それだけ変えることもできる。大量生産、大量販売のシステムは、個々人の微妙な違いを考慮に入れてくれない。もう、デパートで草履や下駄を買うのはやめようと思った。

「指を奥まで入れないで、ちょっとつっかけてはくのがいいですよ。粋《いき》なはき方です」と、はき方も教わった。そういうことは知らなかった。神楽坂のおねえさんたちと下駄との関係についても、いろいろ伺った。

お正月の挨拶まわりの時には、足袋《たび》をはいて、黒塗りに白い鼻緒の高下駄をはくそうだが、それ以外は夏ももっぱら草履で、このところ下駄を買うのは浴衣を着るお嬢さんたちだとか。

しかし、道がこんなふうでは、若い女性が普通の下駄で長時間歩くのはたいへんだろう。どうしても、草履との折衷みたいなものや、下に衝撃や音を吸収するクッションのついたものが出てくることになる。環境が変われば、着物、履物、持ち物など日常のもので伝統を守るのはむずかしい。

伝統をそのままにして廃《すた》れるにまかせるか、それとも環境に適応させて生き残るようにするか。

私がもの作りの現場にいたら、もっと大胆に後者の方策をとると思う。失いたくないのは、作る人と売る人と、買う人との関係である。ものは、やはり『助六』のような店で相談しながら買いたい。買うことと使い続けることとが、一連のつながりの中にあるようなものの世界を、もう一度取り戻したいと思う。

下駄をはく

念願の白木の下駄を履いた。その感想は冒頭に書いたように、道についての失望と下駄が道をいかに敏感に感じ取るかだったが、もう一度、下駄そのものに返ってみよう。

白木の下駄の感触は、それはもう言いようもなく心地よい。塗り下駄に比べても、さっぱりしたはき心地は、足の裏の水分を吸い取ってくれているからに違いない。いわれた通りに浅くはいてみる。不思議なことに下駄というものは、足が少しはみ出すくらいの方がはきやすい。

足はすっぽり何かに被われるより、自由にのびのびしている方がずっと気持よいものである。着物の時にも書いたように、私はスーツとハイヒールという組み合わせをもっとも窮屈に感じる。すべてが外から体に向かって押しつけられるのだ。着物は体に沿って包むだけだし、下駄や草履は指を外に向かって広げる履物だ。

特に下駄に使う桐材は非常に軽い。私の家には桐の火鉢が二つあるが、がっしりした見かけからは信じられないほど軽い。木が重いというのは間違った先入観で、使い方しだいなのだ。履物としての機能からいえば、道の問題を除けば草履より軽くて楽である。

私の白木の下駄は、次第に色が変化してきている。この変化は、汗や脂《あぶら》を吸ったからにちがいないのだが、どういうわけか「汚く」感じない。下駄は昔から、歯が減って取り替えるもので、汚れたという理由で取り替えることはなかった。ついでにいえば、私は夏になると畳表《たたみおもて》を張ったスリッパをはく。これも色が変化する。同時に外側の布が汚れるので、主に布の部分を洗いながら使っていたが、とうとう布が切れてついに捨てた。

買い換えれば済むものなのだが、捨てる時は残念でならなかった。藺草《いぐさ》や木や竹や土でできたものは、色の変化につれて愛着がわいてくる。時間が歴史としてそこに刻みこまれ写し取られて、ものの一部になるのだ。客観的には汚れであろうものへのこの不思議な感情は果して文化なのか、それとも自然物がもともと持っている性質なのか、考えあぐねてしまった。考えてみると、自然の側には「汚れ」などないはずだ。問題はむしろ文化の側にあり、雨に濡れた石にはりついた落ち葉を「汚い」と見る文化と、それを「美しい」と見る文化がある。散った花びらを掃除の対象とする文化と、それを床の間にわざわざ飾る文化とがある。排泄物を汚いと思う文化と、貴重だと思う文化がある。欠けた瓦《かわら》をごみと見る文化と、部屋に飾る文化とがある。

日本の文化はすべて後者の方だった。それは、明らかに自然の側に近い感性であって、私は、これがこれからの世界に重要な役割を果たすと思っている。

こんなことを書くこと自体、もう自分の桐下駄に愛情を持ちはじめている証拠だろう。ものに対する愛着とはじつに不思議な感情だが、木にそれを感じる人は多いはずだ。

雨のように見えるが、雪の日の情景である。ふだんは草履をはいて、
このような天候の日には下駄をはいた。
『大和耕作絵抄』より

いろいろな木製品を使う

田中　優子

木の小物暮らし

昨日は、うっかりしている間に窓から雨が降り込んでしまった。今日はまた、ことさら湿気が多い。こんな日は、私の書斎の障子の開けたてがかなり厄介になる。力を入れないと動かないので、仏壇の引出しから蠟燭を一本出してきて障子の敷居《しきい》に塗り、滑りやすくした。江戸時代でもこんなふうにしていたのだろう。

私は障子が大好きで、家の中の自分の居住空間はすべて障子だ。カーテンは一切使っていない。時間がたつとそうでもないが、新しい障子の木枠は湿気を吸うと膨張して動きにくくなる。木の特徴は、気候に即座に対応するこのような敏感さにある。

私の机は桜の木だが、やはり購入した最初の年の梅雨時には引出しがきつくなり、削ってもらった。それ以来まったく異常は起こらない。こういう時も、木が湿気を吸い呼吸していることがわかる。

わが家には、楠《くすのき》と欅《けやき》製の和箪笥が一棹《さお》ずつあるが、けっして虫がつかない。桐箪笥の場合は、材が湿気を吸って膨張し、木目が詰まって内側に湿気を入れない。和紙ももとは木の肌である。インドネシアで染色家のかたから布を分けてもらった時、「和紙に包んでおけば、布の色は微妙に変わってきます。それが面白いのです」といわれて、その通りにしている。紙も、木の繊維だけでできている和紙なら、湿気を吸ったり吐いたりして生きているのだ。このように、私は木製品が大好きだが、家や家具を木製品だけで揃えるほど金持ちでも力持ちでもない。

今、日本でもっとも活動的に木の良さを広めている人は、高山で『オークビレッジ』をやっている稲本正さんだ。稲本さんのところを訪問した時に、ウィスキーの樽から作った家具を見せてもらって、その木片で作ったコースターをいただいた。ウィスキーの樽だから、厚さは三センチもある。そして、どっしり重い。

稲本さんの工房で作った、ちょっとやそっとでは動きそうにない木のテーブルを見ながら、木と紙で暮らしていた江戸時代の人たちはどうしていたのだろうかと考えてみたが、あの頃は椅子もテーブルもなかったことに気づいた。

重い家具といえばせいぜい箪笥と板襖《いたぶすま》ぐらいだが、箪笥はめったに動かさないから問題ない。火鉢も多くは木製だった。私は祖母が残した桐の火鉢を持っていて、茶の湯の時に鉄瓶をかけているが、これもずいぶん軽いものだ。毎日の暮らしで運ぶ道具といえば、銘々膳《めいめいぜん》に盆《ぼん》や椀《わん》ぐらいだったろう。

銘々膳とは、一人分ずつ独立した小型の食卓のことで、昔の食事は、テーブルはもちろん、ちゃぶ台も使わなかった。テレビの時代劇に現われる酒場では、テーブルのような台やベンチのような椅子を使っているが、あれは間違いである。

今でも、旅館では銘々膳で食事を出す場合が珍しくないから、使った経験のある人も多いだろう。東京の下町でさえ、戦前の昭和時代でもまだ銘々膳を使う家があったそうだから、かなり最近まで使っていた土地が多いのではなかろうか。

木製の椅子もテーブルも見事に美しいが、今、木の家具ばかりに囲まれた生活をするには、私は経済力も腕力も不足している。やはり木の小物で満足するほかあるまい。

櫛の日本

私は毎日、オークビレッジ製ウィスキー樽のコースターを茶托《ちゃたく》として使っているが、いつの間にか茶托としての役割を超えて、なでていることがある。木の塊は、なぜか気持いいのだ。

生活の周辺を見廻すと、木製の方がずっと使い心地の良いものは他にもある。たとえばつげ（柘植）製の櫛だ。

私は、上野池之端にあるつげ櫛専門店『十三や』の櫛を愛用している。十三やの開業は元文元年（一七三六）、将軍吉宗《よしむね》の時代である。十三やという名前は、櫛のク〈九〉とシ〈四〉を足すと9＋4＝13、十三になるからで、いかにも江戸人らしいしゃれた命名ではないか。この店では、今でも昔ながらに店頭でベテランの職人さんたちが手作りで櫛を作っているのを見ることができる。材料も輸入のつげではなく、鹿児島産の〈薩摩《さつま》つげ〉なのだ。

つげの櫛は、なんといっても静電気を起こさないのがいい。次に、木製品全体の共通点として、さわっていて気持がいい。木のもっている気持よさは、なめらかとか丸いという形による感触の問題ではない。目をつぶって木とアクリルやビニールをさわり比べてみるとわかる。ビニールなどのプラスチックは、木よりよほど滑らかですべすべしているが、木とは明らかに違う。

木の感触は、空気の湿度や温度、皮膚の湿気や温度、そして木そのものの湿気や温度の関係が組み合わさってでき上がっているように思う。その日その時の空気を、木は人間と同じように感じ取って、何らかの反応を示しているはずだからだ。

もう一つは、木には人工物にはない〈むら〉がある。これは感触でも目で見てもわかることで、独特の不均一さが生物としての人間にとってきわめて心地よいのである。商品管理されてむらのなくなった物は、大量販売、大量消費にはつごうがいいが、しょせんは人間にとってのよそ者にすぎない。だからこそ、使い捨てすることに心の痛みを感じなくなってし

櫛引き職人のところへ、女性たちが買い物に来ている。
『和国諸職絵尽』より

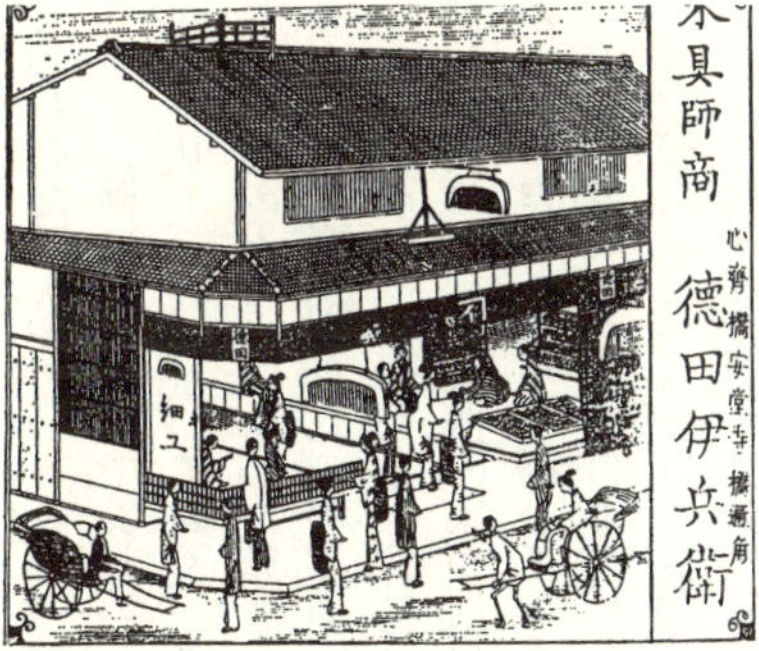

大坂・心斎橋の櫛屋。櫛の看板が巨大だ。
『浪華の魁』より

繁盛してしようがない櫛引き職人。
『宝船』より

薩摩櫛の職人の様子。木を切っているところ。
延享（1744〜47）ごろの絵本より

まったのだ。

つげの櫛はなめらかで美しい。その美しさは油で拭いていることも一因だ。私も時々、椿《つばき》油やオリーブ油で拭いておく。人間の汚れは油でできているので、これで汚れが取れるばかりか、櫛のもちをよくし、輝きを与え、それがまた髪に返ってくる。櫛と髪の間に、手入れを介した循環が生まれるのである。

このように、「道具の手入れをする」という行為は、生活の中で木製品を扱う時に不可欠だ。手入れの良い木造の家が何百年ももつように、よく手入れしたつげ櫛は、色が変わりながらそれ自体の歴史を帯びてくる。

櫛は、古代から神霊のよりしろといわれ、女性の霊が宿るものといわれてきた。『古事記』でも、櫛はいろいろな形で登場する。黄泉《よみ》の国にイザナミを訪ねて行ったイザナギが追いかけられて逃げる時、ユツツマ櫛の歯を引き欠いて後ろに投げると、その一本一本がたけのこになり、追手がそれを食べている間に逃げおおせた。

また、スサノオがヤマタノオロチ（八岐大蛇）という怪物を退治する時、稲田の精霊であるクシナダ姫を櫛に変えて頭に挿《さ》して戦う。櫛の歯が欠けるのは凶事の前兆だということになっているし、櫛を使った占いもある。女性のお守りにもなったし、子供の危険な病気である疱瘡《ほうそう》を櫛に移して捨てるというおまじないもあった。すべての例で、櫛は人間を守っているが、これは日本独特の櫛信仰である。

日本の櫛は、約六〇〇〇年前の縄文遺跡からいくつも発見されている。竹製も鹿の角製も鯨の歯製もあるが、なんといっても見事なのは、朱漆を塗った木製のだ。その復元された姿は、江戸の遊女が使った櫛もかなわないほど派手で優雅である。しかし、ささほど挙げた『古事記』の記述を読むと、大昔は男も櫛を挿していたことがわかる。

このような長い歴史を持つ挿し櫛の文化は、他の国にあまり例がない。これも、櫛が単なる実用品やアクセサリーではなく、呪術力《じゅじゅつ》を持つ特別なものだったからだろう。魂に直結する髪に挿し、手入れを通じて情が移るからである。私は、この手入れによる〈ものへの愛着〉という側面が、前近代のものの世界では非常に重要だと思っている。

縄文から続く挿し櫛の文化は、江戸時代に入ると頂点を極めた。つげの生地そのままの飾り櫛も美しいが、江戸の飾り櫛の隆盛は、やはり蒔絵《まきえ》の発達によってもたらされた。漆技術は、縄文からの古い歴史があるばかりでなく、日本が世界のトップを走っていた技術だ。象牙《ぞうげ》の櫛もべっこうの櫛もあるにはあるが、やはり木製の蒔絵の櫛が質量ともに群を抜いている。

私は、岡崎智予コレクションを集めた『櫛かんざし』という本を繰り返し見て、その圧倒される世界を感じていたが、一九九八年の四月、このコレクションの美術館がオープンした。青梅《おうめ》の『澤乃井櫛かんざし美術館』である。櫛は、呪術的なもの、日常の飾りという歴史を経て、今や美術品になってしまった。存分に見られるのは嬉しいが、他方、生活の中か

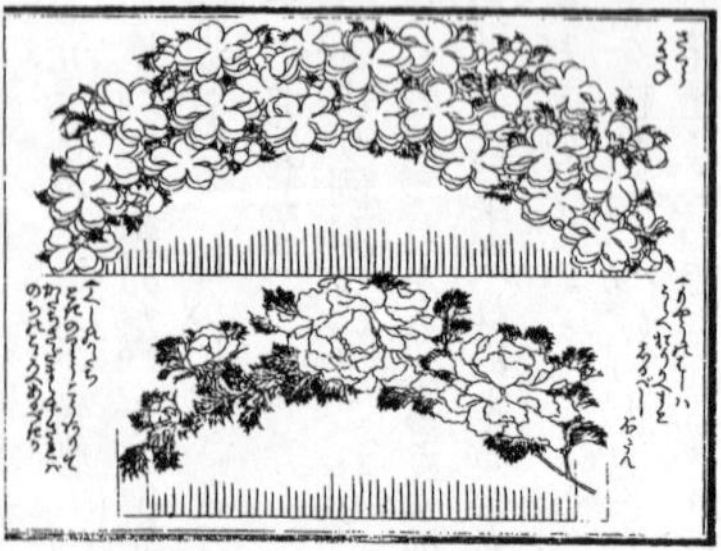

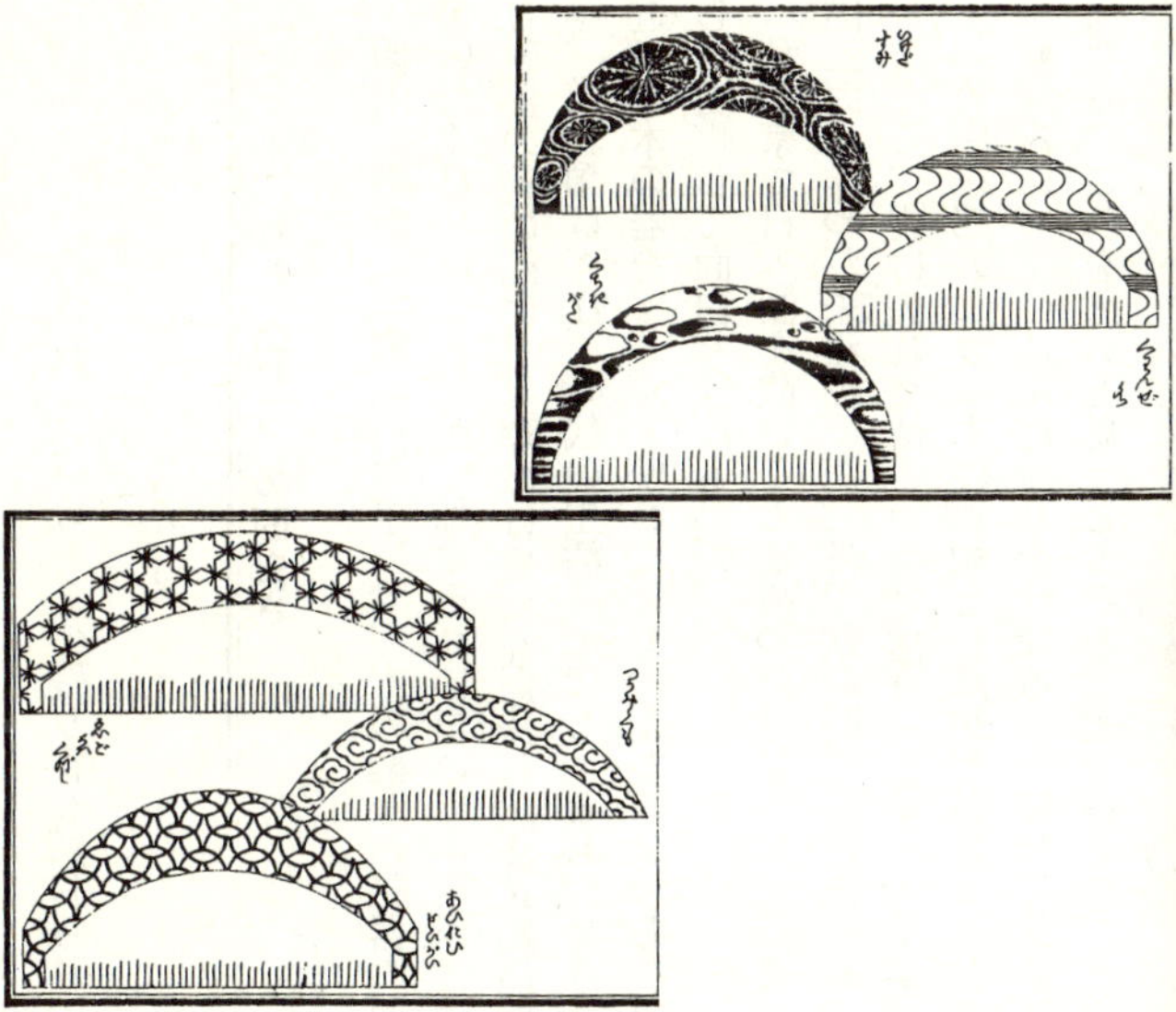

葛飾北斎は、奔放にさまざまな蒔絵の櫛の模様をデザインした。
『今様櫛𥿻雛形』より

ら消えて行くのは寂しい。今、その残り香を感じられるのは、つげ櫛を通じてだけかもしれない。

手入れと〈むら〉の面白さ

柳田国男が『木綿以前の事』で、木の椀から磁器の使用に移って行く時の日本人の喜びを書いたくだりは有名だが、私はそれについて「本当ではない」と書いたことがある。木の椀と磁器の碗の間に、実際には豊富な漆塗りの椀や陶器の器があったからだ。特に漆塗りの器、道具類は、江戸時代の生活の中でもっとも大きな比重を占めていたといってもいい。最近では木の器をほとんど使わなくなったが、けっして水を吸って汚くなるものではなく、むしろ変化して面白くなるものだ。

私が家で日本酒を飲むことはめったにないが、たまにあると必ず使うぐい飲みがある。角偉三郎の作った朱漆製のだ。外で飲む時や旅に出る時も、そういうものを面白がる人がいっしょなら、袋に入れて持参する。漆は、必ずしも下地がわからなくなるまで塗るとは限らず、角偉三郎のように木の感触とむらがわかるような塗り方をする場合がある。

もちろん、使い込んだ漆もそうなる。朱漆は、使い込むと下の黒漆が所どころ見えるようになる。これを汚いと思うどころか、美しいと感じるのが日本人の不思議なところだ。日常

木の椀を作るろくろ師
『和国諸職絵尽』より

塗師が器に漆を塗っているところ
『和国諸職絵尽』より

雑器は、手入れしながら酷使しているうちに、最初はむらがないのも、むらがでる。椀も櫛も下駄も柱も床も、むらが見えて、そこに私たちは時間を感じる。ものに時間が入ると、普通の工業製品などは価値が下がるが、木製品ではかえって価値が上がるものはたくさんある。

私が木製品を好きなわけも、この〈時間〉にある。そこに〈手入れ〉や〈手間〉が入ると、木に現われる〈変化〉や〈時間〉は、〈歴史〉や〈魂〉のようになり、深い愛情が湧いてくる。木製品は、使い捨ての精神ではけっして理解できない世界を持っている。それは人間の身体と木の身体が呼応してでき上がってくる世界なのだ。

親孝行とエネルギー

石川　英輔

二十四孝

昔の中国の親孝行な人の話を二十四集めた二十四孝という物語集がある。

日本でも室町時代から御伽草紙《おとぎぞうし》の形で出版が始まり、江戸時代にもさまざまな形の本が出た。

しかし、孔子《こうし》の教えである儒教では、もっとも高い評価を受ける道徳が〈孝《こう》〉、つまり親孝行だ。しかし、ただ親孝行せよといっても庶民にはわからないので、元代の郭居敬《かくきょけい》という学者が、お手本として有名な親孝行の例を二十四話集めたのである。二十四の物語にはいくつか違う組み合わせがあるということだ。

いずれにせよ、元代までの中国の長い歴史を通じて、特別な親孝行者を選び出したというだけあって、二十四孝はすべてかなり極端な物語ばかりだ。もっとも有名な例を四つあげてみる。

孟宗

孟宗が雪の中で筍を掘って帰る。『二十四孝図会』より

孟宗《もうそう》は、子供の頃に父が亡くなり、母に育てられた。もちろん、大人になってからは孟宗が母を養うようになったが、年をとった母は、珍しいものばかり食べたがるようになって、冬のさなかにどうしても筍《たけのこ》が食べたいといいだした。カン詰めのない時代だから、孟宗は、今は雪の降っている季節だから筍など手に入らないと説明した。だが、わがまま老人になってしまった母は、どうしても食べたがる。親孝行な孟宗は鍬《くわ》をかついで竹林へ行ったが、地面が雪に覆われているので天を仰ぎ、母に筍を恵みたまえと祈ったところ、雪を割って何本もの筍がにょきにょきと生えてきた。

孝行すれば、天もその孝に感じて奇跡を起こしてくれる、というお話で、これは、今でも普通に筍として食べる孟宗竹という太い竹

王祥が氷の上に横たわって鯉をとる。『二十四孝図会』より

の名の由来物語でもある。

王祥

王祥《おうしょう》は、幼い頃に母が亡くなった。父は再婚したが、後妻の朱氏は何かにつけて父に息子の悪口をいうので、王祥は父に憎まれたが、少しも恨まずに両親に孝行を尽くした。冬のある日、継母が新鮮な魚を食べたいといいだしたので、王祥は鯉《こい》のいる池へ行ったが、水面は厚い氷に覆われていた。母に鯉を食べさせたい一心の王祥は、氷を融かすために、はだかで氷の上に腹這いになったところ、天の助けで氷が割れ、鯉が跳びだしてきた。

郭巨

郭巨《かくきょ》は結婚していて子供が一人いた。父は亡くなって、親は母だけだった。一家が満足に食べられないほど貧乏だったが、母だけにはひもじい思いをさせないため、自分たちの食べ物を減らして食べさせていた。ところが、母は自分の食べ物を可愛い孫に食べさせてしまっていつも空腹でいる。これではいけないと思った郭巨夫婦は、穴を掘って幼い子供を埋め殺すことにした。孝が絶対だから、親を取るか子を取るかの瀬戸際に立てば、子供を犠牲にするほかないのだ。郭巨は子供を山へつれて行き穴を掘っていると、天の恵みで土の中から大きな金の釜が出てきたので、それからは楽に暮らせるようになった。

郭巨の釜掘りとして有名な話だ。

老莱子

ここまでの三話は、孝行のおかげで何かを得ているので、孝行を推奨《すいしょう》する話としてまだ理解しやすいが、二十四もあるから、中にはヘンな孝行の話もある。七十歳をすぎても両親が生きていた老莱子《ろうらいし》という人は、いつも派手な衣服を着て髪を黒く染めていた。息子が老けると、両親も自分の老いを悟ってさびしく思うだろうというので、わざと若作りにして子供の真似をしていたというのだ。

親孝行は自分のため

全部を紹介できないし、する必要もないが、いずれもかなり極端な孝行話だから、現代人

郭巨が金の釜を掘り出す。
『二十四孝図会』より

老莱子が、老いた両親の前で子供のふりをして楽しませている。
『二十四孝図会』より

としては、親孝行の重要さをこれほど極端な形で示されると、感心するよりも不自然さの方を強く感じる。また、今の親なら、子供にここまで孝行されると、かえって心理的負担を感じるのではないかと思うほどだ。

親孝行とは、子供が親に孝行するという意味だから、親は常に受け身で、子供は一方的に親孝行しているようだが、老人と子供という二種類の人類がいるわけではない。どんな子供もやがては必ず老いて老人になる。明日はわが身なのだ。

つまり、親孝行とは、子供にとっても、いずれは自分が受け身になる行為にほかならない。つまり、親孝行とは、される側はもちろん、する側にとっても本当は自分の身のためだから、するのが当然でしなくては損なはずだが、感情としてはそう単純ではない。

親が世話してくれたのは、自分の記憶にはない幼い子供の頃からなのに、自分が親の世話をするのは大人になってからだから、親孝行を負担に感じて当然だ。恋愛や金儲けのように楽しいか得になることなら、放っておいても喜んでやるし、むしろやりすぎになる傾向が強いから、わざわざ奨励する必要がないどころか、むしろ抑制させるのが道徳教育の目的になる。

ところが、親孝行を楽しみながら喜んでやる人は少ないか、あるいはほとんどいないからこそ、儒教では孝を道徳の最高位において不自然なほどに称賛し、奨励したのである。

日本は世界的な超過密国

動力の大部分が人力だった時代、つまり太陽エネルギーだけで生きていた時代は、老人介護専門の組織を作る余裕などどこにもなく、個人的な親孝行に頼るほかなかった。しかし、昔と違って、複雑な長寿社会での老人問題は、個人で背負い込むには重すぎるようになった。また、夫婦とも外で働くのが普通になっている世の中では、動けなくなった親の面倒を家族でみていれば、生活が成り立たなくなりかねない。

平成十年一月に総務庁が四十歳以上の人を対象にしたアンケート調査を行ったが、「自宅以外で介護を行う施設があったら、利用する気持があるか」という問いに対して、七三パーセントが「ある」と答えたそうだ。もう、昔ふうの親孝行の精神では生きていけなくなっているのだ。

豊富なエネルギーをたっぷり使える現代社会では、人間の労力を最小限度使うだけで大きな仕事ができるから、親孝行でさえ、国や自治体、あるいはしかるべき専門組織が肩代わりできるはずだと期待して当然かもしれない。だが、すべてを国家の管理下で運営した科学的社会主義国でさえ、軒並み行き詰まったところをみると、動けなくなった老人の世話を全面的にみられる理想的な国家などあり得ないのだろう。

こういうことを書くとすぐに、「スウェーデンでは」という人が多い。北欧の施設では、介護される老人は広い個室でゆうゆうと暮らしているのに、日本の老人は大部屋の片隅で悲惨な生活を送っている、といったたぐいのお決まりの話だ。

だが、かりにスウェーデンでは本当にすべてが理想的に進行しているとしても、日本と単純に比べるのはいろいろな点で無理がありすぎる。あちらは、日本より面積が広く、しかも国土の大部分が平野であり、人口は大阪府なみのわずか八八〇万人しかいない。人口密度は、一平方キロメートル当たりわずか二〇人程度だ。

これに対して日本は、スウェーデンより狭い国土が大きく四つの島に分かれていて、しかも国土の大部分が山である。人口は、ご承知の通り一億二五〇〇万人。人口密度は、一平方キロメートル当たり実に三三〇人で、単純計算でスウェーデンの一五倍以上だ。

人間が押し合いへし合いしているように思っている中国の人口密度でさえ、一二七人。もっとも多そうなインドでさえ、なんと二八六人だから、日本よりはるかに空いている。日本以上の過密国といえば、シンガポールやモナコのような特殊な成り立ちのミニ都市国家だけで、日本は、普通の国として異常なほど過密なのである。

戦争遂行のため、産業発展のため、確実な税収のためなど、日本の指導者はいつでも人口増加の必要性を説き続けてきた。江戸時代、すでに今のスウェーデンの三倍以上の三〇〇〇万人に達していたのに、その口車に乗せられて、先のことをほとんど考えずに狭い土地で子供を生みまくれば、過密になるのが当たり前ではないか。

そのことをきれいさっぱり忘れて、今さらスウェーデンより広い部屋に住めないと文句をいう方が、どうかしている。

その世界的人口大国の日本では、今や介護を必要とする人が一〇〇万人単位で増えるのに、公的な施設は需要の一〇パーセントにも満たないわずかな増設しかできない。財政が人口の高齢化に追いつかないのである。仕方がないから、増加分のほとんどは民間の有料老人ホームが引き受けて、悲惨な生活を送る老人が大勢いるのが現状だ。

孝は低エネルギーの社会保障

世界でも有数の豊かな経済大国になった今でもこんな状態だから、生産力が低く貧しかった江戸時代の日本で、大勢の老人を世話する公的な社会保障制度が成り立ったはずはない。最初からクニになど何も期待していなかった先祖は、今ふうにいうなら〈自助努力〉するほかなかった。実際、それ以外にどうすることもできなかっただろう。

となると、自分は親を粗末にしておいて、子供が自分に孝行してくれることを期待するのは、あまりに虫が良すぎるから、まず自分が親孝行にはげみ、その様子を子供にしっかり見せておく。身をもって親孝行のやり方を見せることで、自分がやってほしいことを子供の潜在意識の中に叩き込み、同時に親孝行こそが人類にとって最高の道徳であることも、みっちり教えておくのだ。

ところが、夫婦単位の生活こそが、個人を尊重する欧米式の正しい家族の姿で、三世代同居は、古い、つまり悪い習慣だということになって核家族化が進んだ結果、今では、老人に接したことのない若者が普通になった。

福祉施設へボランティア実習に来てもらっても、若者が食事の介護をすれば老人がむせてしまう。手持ちぶさたでぼんやり突っ立っている若者に、老人の方が気を使っていろいろ話しかけるという具合なので、実習が終わると、介護された老人が疲れ切ってしまう場合があるそうだ。

これが、勝手に理想化した欧米をせっせと見習って作りあげた個人主義社会の実情だとすれば、まことに情けない成果ではあるまいか。もちろん、昔はすべてがうまくいっていたなどというつもりはまったくないし、昔から親不孝者は大勢いた。だが、親孝行が最高の道徳となっていた社会では、少なくとも老人を大切にするのが正しいことだけは、全国民の常識になっていた。

親孝行とは、ごくわずかのエネルギー消費で運営せざるを得ない社会での、もっとも間接経費のかからない老人向けの社会保障制度だったのである。

私自身の体験

私は、十六歳の時に母、二十歳の時に父を失った。母は享年五十二、父は五十七だった。母は胃癌《いがん》だったが、短期間入院しただけで手術もできずにあっけなく亡くなり、父は、事故死だった。結果として、私は老いた自分の親の世話をする機会はなかったが、妻の母とは私の家で十数年間、亡くなるまでいっしょに暮らした。義母は老衰と癌のため八十六歳で亡くなったが、妻は最後まで母親を入院させずに自宅で世話をした。

職業柄、私はほとんど自宅にいたから、義母を背負って運んだりする力仕事をやった。義母が身動きできなかったのは、三月から亡くなる八月までのわずか五ヵ月だったし、最後までぼけなかったから、老人介護の中でも楽な方だったのだろう。

それでも、体力と気力の限りを尽くして看病した妻にとってはかなりの負担で、私は妻の方が母より先に死ぬのではないかとさえ思った。実際、妻はその三、四年後に肺癌にかかっていることがわかり、母の没後わずか七年で亡くなった。母をみとったことが癌の原因だったとは思わないが、強いストレスが発病の引き金になった可能性は高い。

妻自身は、亡くなる四八時間前に病状が急に悪化して緊急入院するまで自宅にいたが、私は授業や講演でやむを得ず家を空ける時以外、すべて一人で彼女を看病した。

こんなことを書くと、現実に近親の老人の介護に悪戦苦闘しておられる方に、高齢化社会での老人介護問題を親孝行にすり替えるのはけしからんといって非難されかねないが、そんなつもりはまったくない。

少しでも実際の経験があるからこそ、老人の介護を個人の責任でやる負担があまりにも大きいことがわかり、できるだけ専門組織がやってくれる方向へ進んだ方がいいと思っている。

だが、やってくれれば良いと思うのと、現実にできるかどうかはまったく別の問題で、注文は誰にでもつけられるが、目標は、高ければ高いほど実現がむずかしいのが常識である。人手も経費もかかるばかりか、一人一人強い個性のある老人の介護は、むずかしい方の見本といっていいほどだから、すっきりした解決法などあるはずがないからだ。

介護問題といえば普通は経費つまり経済問題についてしか考えないが、実はエネルギー問題の一部にほかならないのである。たとえ銀行に莫大な預金があろうと、家の中に金貨や銀貨や紙幣が山積みになっていようと、もし石油も石炭も原子力も天然ガスも使えないなら、昔のようにすべてを人力で処理するほかなくなることは容易に理解できるだろう。

今でも膨大な人手がかかっているといわれるかもしれないが、人手をかけられるのは、その分をエネルギーが代行しているからにほかならない。昔のようにかまどで薪を燃やして飯をたき、盥《たらい》と洗濯板《せんたくいた》で洗濯し、どこへ行くのも歩いて行かなくてはならないのなら、他人の親を専門に世話するゆとりのある人など、ほとんどいないはずだ。

現代社会の豊かな生活を支えている本当の基礎は、豊富なエネルギーなのであり、通貨経済は、エネルギー使用に支えられている世の中が円滑に動くための手段の一つにすぎない。江戸時代のようにエネルギー使用量が少なければ、経済規模もその範囲を出ないし、現代のアメリカの経済規模は、一人当たり日本人の二倍以上の膨大なエネルギー消費があってはじめて成り立っている。親孝行にもエネルギーが必要なことはいうまでもない。

親孝行のエネルギー

それでは、親孝行にはどれほどのエネルギーが必要なのだろうか……などと書けば、親孝行を数値化できるはずがないと反論されそうだ。もちろん、やさしい気持で親を大切にするか、いやいやながら大切にするかというような心の問題は数量で示せないが、現代社会で他人に介護をまかせる場合の必要エネルギーと、二十四孝のような親孝行をするためのエネルギー比較なら、限定された条件でできないことはない。

二十四孝の孝行な子供は、どれぐらいのエネルギーを使っていただろう。いくら親孝行でも、自分のこともしなくてはならないし、夜は眠る必要もあるから、いつもそばにいるわけにはいかない。人間が生きるのに必要なエネルギーは一日当たりざっと二〇〇〇キロカロリーだから、親のために使えたのをその半分とすれば、一〇〇〇キロカロリーである。石油も石炭も使わなかった時代のエネルギー消費はきわめて少なく、この程度のエネルギーで生きていたのだ。

一方、現在のわれわれ日本人は、一日に一一万キロカロリー強のエネルギーを使って暮らしている。一日生きていれば、だれでも平均して、これだけのエネルギーを消費しなくてはならない社会構造になっているのだ。かりに、現在の介護の専門家が一人の老人の専属となって介護に当たったとする。食事の時間や寝る時間を除き、一日のうちの半分ぐらいを介護に当てられるとして、ほぼ五万キロカロリー必要になる。

つまり、二十四孝の孝子《こうし》は、現代人の五〇分の一以下のエネルギーで、後世に名を残すほど親を大切にすることができたのである。もちろん、現在は、介護の専門家が一人につきっきりなどということはあり得ないから、その五分の一としても一万キロカロリーは必要で、二十四孝の一〇倍である。

老人ホームの経営は、ていねいな介護をすればするほど老人の寿命が長くなり、損失が増えるという厄介な構造になっているそうだ。老人がほとんど動けなくなったら、雑居部屋へ入れて放置しておけば、寿命が延びず経費もかからなくて利益が増えるが、当人も家族も苦情をいわない、という寒々とした話もある。

こういう場合は、十人部屋を介護者が時々のぞく程度だろうから、一人当たりにかかる手間は、一万キロカロリーの五分の一の二〇〇〇キロカロリーぐらいかもしれない。それでも、孝子のお手本だった二十四孝の二倍である。

親に対する敬意と、親孝行のための知識、経験が数十倍か数百倍あれば、同じく数十分の一か数百分の一のエネルギーしか使えなくても、二十四孝の孝子たちは、すぐれた技術を誇る現代人かそれ以上に親の面倒をみることができた。本当は誰もあまりやりたがらない親孝行を、人類最高の美徳として不自然なまでに強調したのは、ごくわずかなエネルギーしか使えない世の中で自分自身の老後を守るためには、これがもっとも効率のよい方法だったからだということがよくわかる。

われわれは、エネルギーという従順で強力な召使にかしずかれて今のような生活をしているばかりか、親孝行さえも、エネルギーに肩代わりさせようとしているが、お金さえ払えばエネルギーをふんだんに使えるこういう生活が、はたしていつまで続けられるのだろうか。

経済最優先の現代社会では、目先の利益以外について考える余裕さえないし、私個人としては、できる間はこのまま続けるほかないと思っている。だが、架空の需要の上に成り立っていたバブル経済が破綻すれば、どんなに望まなくても経済が収縮してしまったように、豊富なエネルギーという便利な召使に見放されれば、泣いてもわめいても不便な生活に戻らざるを得ないことはいうまでもない。

もちろん、どんなに立派な理論や主義を振り回しても、他人の親孝行を代行する進歩的な組織など、維持し続けられるはずがないことは、明らかだろう。

そんなことがあってはならない、と絶叫したところで、無から有が生じない以上は、自分のことは自分でやるほかなくなる。自分は親を放り出しておいて、子供には自分の面倒をみてもらいたいという身勝手さも通用しなくなるだろう。

その時になれば、封建的な二十四孝の物語も、必ず老いる人類が、老いてからの自分の身を守るために必要な、厳しい自制心と努力と智恵の結晶だったことが改めて理解できるはずだ。

終章

石川英輔
田中優子

手間の楽しみ

『大江戸生活体験事情』では、江戸時代までの日本人にとってごく普通だった生活手段の実験のいくつかを体験してみた。

いずれも、現代生活の制限の中でできる、ほんのちょっとした体験にすぎなかったが、江戸時代と同じ原理の道具を実際に扱ってみると、現代の同じ目的の道具に比べて、かなり手間がかかって不便なことがはっきりわかった。操作法がはるかに複雑なのである。だが、伝統的な方法には欠点しかないわけでないこともよくわかった。

手間のかかる裏側には、手間にほぼ比例してエネルギー消費が減っているばかりか、自動化した便利な道具を扱うのではけっして味わえない、複雑さの中にある微妙な面白さや未知の美しさのあることを知り得たのは、大きな収穫だった。

江戸時代の研究者として、私たちは、これまで数多くの江戸時代に関する資料を読んだり見たりしてきた。その中には、江戸時代の生の資料も大勢の先学による研究書もあり、おかげで、江戸時代のことがいくらかわかるようになった。だが、これまで私たちのやっていた研究は、紙に書いた文字や絵を読んだり見たりしながら、考えたり想像していただけで、自分の手や体で実際に試みた部分は非常に少ない、というよりほとんどないのに等しかった。

今回、その全く欠けていた部分の一部にようやく手を触れてみたが、わかりきっていると思っていたことでも、身をもって体験してみると、紙の上の知識から想像していたのとかなり違うことを改めて認識した。

今回の試みは、〈生活体験〉と題したように、あくまで生活の範囲内の体験だったが、産業の分野でも、手仕事が機械の操作よりはるかに手間と時間がかかることは、伝統技術による紙漉《かみす》きや機織《はたおり》、製陶などさまざまな手工芸の現状を見せてもらえば容易に理解できる。手仕事と機械による仕事の間には、必ずしもはっきりした区別があるわけでなく、ある部分が手仕事で一部が機械まかせというような折衷《せっちゅう》的な作り方もあるが、もちろん、手仕事の比率が高ければ高いほど時間がかかる。

しかし、手仕事のための手間や時間が多いほど、仕上がりには個性が出る。なぜかというと、作る過程で、作る人の身体の動きや力の入れ具合や、温度、湿度、素材の個性などによる自然の偶然性が入り込むからである。

手間という言葉は、人が関与する部分を〈手〉、自然の部分を〈間〉と呼んだと考えてもよさそうだ。

生活でも産業でも、手間をかけるのはつらくて損だから、なるべく機械にやらせるのが良い、というのが、いわゆる近代的な発想だが、今度の体験では、手間をかけるのが必ずしも苦しいとは限らないこともよくわかった。スイッチを押して、あとは全部を機械まかせにするのと違って、ほんのちょっとしたことでも、あれこれ工夫して手加減しなくてはならない生活には、むしろ人間本来の創造性を発揮できる楽しさがある。

手入れ

最近は、手入れという言葉をあまり使わなくなった。手入れは毎日の習慣で、はっきりした目標があってすることではなく、毎日、食事をしたり、掃除をしたり、人と言葉をかわしたりという平凡なことの積みかさねが、人間になるための心の手入れになる。

私たちは、掃除しても、いずれまた汚れるのを承知で、きれいに掃除する。どうせまたおなかがすくのに、おいしい料理を作って食べる。どうせいつかは死んでしまうのだが、できるだけ充実した人生を生きようとする。どうせ草木はまた伸びることがわかりきっているのに、庭の手入れをする。こうやって手入れをおこたらない日常生活こそが文化であり、結局、手入れは心の問題なのだ。

膨大なエネルギーを使うことで自分の手を動かさずに済むようにしてしまった私たちの生活に、〈手間〉と〈手入れ〉の習慣を取り戻すだけなら、さほど大きな努力はいらないと思う。しかし、価値観の転換は、それほど簡単ではなさそうだ。

なるべく時間と金と手間をかけずにたくさんのものを作り、できるだけ高く売る、できるだけ働かずにうまく立ち回って大金をもうける、むだなものはごみとして、どんどん捨てる、面倒なことは、できるだけ他人やクニに押しつける、いつも新しいものを追いかけ競争に勝って、欲しいものを手に入れる、稼ぎの良い職業や人間には価値があり、稼ぎが悪ければ価値がない――こういう価値観で生きている限り、私たちは自分の心の手入れなどできそうにない。

昔には戻れないか?

田中はこの何年か、エネルギーに関する中学生、高校生の作文の審査委員をしている。ほとんどの作文が、「今の便利な生活は変えられない」という前提でエネルギー問題を考えている中で、家を新築する間、やむを得ず一時的に古い家へ家族で移り住んだ時の経験を書いたユニークな作品があった。

くみ取り式便所と裸電球一個の生活で、テレビもラジオもない。どんなにみじめな暮らしが始まるのだろうと思っていたところ、ばらばらだった家族がいっしょに食事するようになり、テレビを見る代わりにおしゃべりするようになり、不自由だと思った暮らしにすぐ慣れてしまって、忘れられないほど楽しい思い出になったというのである。「案外早く慣れてしまうものだ」と作文の筆者は書いているが、その通りだと思う。

人類は、四五〇万年前頃には二本足で立って歩いていたそうだ。猿人以来の長い長い人類の歴史を通じて、今ほどエネルギーをふんだんに使って身体を動かさずに暮らした時期は、ただの一度もなかった。

動物としての人類にとっては、今のわれわれが普通だと思っている現代生活の方が異常なのだから、本来の生活により近い状態に「案外早く」慣れて当然なのだ。

一九八〇年代後半に、土地や株式の値段が暴騰し続けた時期があった。今、〈バブル経済の頃〉と呼んでいる数年間である。土地や株式を買えば儲かるのが当たり前という、国を挙げてのネズミ講さながらの不自然な状態が続き、政治までが調子に乗ってその傾向の後押しをしたため、日本経済に大きな傷痕を残した。

あの最中には、いくら今が異常だといっても誰も耳を貸さず、こういう経済状態が永久に続くと思っていたようだ。バブルの頂点の頃には、銀行の人が石川の家へやって来て、金を貸すから今の家を壊してマンションに建て替えるように助言してくれたものだ。

幸い、まったく取り合わなかったので、儲けることも損することもなかったが、天下の秀才を集めているはずの大蔵省や大銀行が、土地の価格が永久に上がり続けるはずがないという、子供でもわかるような理屈を無視して、突っ走っていたのである。不動産担保による貸付をしなかったおかげで、不良債権を背負いこまなかったある堅実な銀行の頭取の回顧談によれば、もっと貸付を増やせと大蔵省から圧力を受けたそうだ。

あの時期が異常だったことがわかったのは、バブル経済が破綻してからだったが、エネルギーの場合は、今が似たような状況ではなかろうか。一九九八年十二月十六日に、石川が近所のガソリンスタンドで車に給油したところ、一リットルが八六円だった。そのうち税金が六十何円だそうだから、実質はわずか二十数円なのだ。同じ一リットルでも、スーパーマーケットで売っている牛乳は一八九円。ミネラルウォーターでさえ八〇円だから、異常な安さというほかない。

だが、エネルギー資源は無限ではないし、かりに無限だったとしても、いずれは環境が悪化して、エネルギーを使いたいだけ使える時代が終わることは、ほぼ間違いあるまい。つまり、今はエネルギーに関して一種のバブル状態なので、ガソリンが水より安い今のような状態が終わってようやく、現代がエネルギー・バブル時代ともいうべき人類史上きわめて特殊な時代だったことがわかるようになるだろう。

バブル経済の時期には、日本人の大半があああいう状態の方が正常で、永久に続くぐらいに思っていたようだが、いざバブルがはじけて冷静になると、地価が永久に上がり続けるはずがなかったことぐらい誰にでもわかる。

　エネルギー・バブルも同じことで、行き詰まってしまえば、あんな便利な時代が半永久的に続くはずがなかったと誰でも思うだろう。そして、いかにつらい仕事であっても、バブル経済崩壊後と同じように、多くのものを切り捨てて後始末をつけなくてはならない時期が来るに違いない。

　だが、厳密にお金の帳尻合わせをしなくてはならない経済と違って、エネルギー・バブルの崩壊は、まったく違った形で現われ、多少のごたごたはあっても、日本人はすぐその状態になじんでいくような気がする。

　誤解のないようにいっておくが、私たちはけっしてエネルギー・バブルが早く終わればいいと思っているわけではない。不便だった古い時代の生活をいくらかでも知っている世代としては、従順で強力な召使として働いてくれるエネルギーを使って、できるだけ長く、今のように安楽な生活を続けられれば良いと心から願っている。

　だが、その一方で、どう考えてもこんな生活が長続きするはずがないと思っているのも事実なのだ。

生活知識と経験はエネルギー

電力もガスもガソリンも、今程度の料金で制限なしに使えるうちは、いくら省エネを叫んでも誰も本気で節約しないだろう。しかし、だからといって、ガソリン料金を三倍にするなどという人為的な政策は、どんなことでも政府がコントロールできるという強権主義の発想であり、成功するはずはない。

われわれは恐らく、続けられる限度まで今のようなエネルギー多消費型の生活を続けるに違いないが、バブル経済と同じようにエネルギー・バブルが崩壊した場合は、いったいどうなるのだろう。

一九七三年に起きた第一次石油ショックの経験から想像すると、一時的には混乱しても、日本人の場合は割合上手に乗り切ってしまうような気がする。中高校生の世代でさえ、エネルギーのむだ使いが個人的な家計の問題ではなく、地球全体の問題だということを少しずつ知りかけているし、現在四十歳以上の人、つまり一九五〇年代末以前に生まれた人なら、大都会の団地育ちの鍵っ子でもない限り、伝統的な生活を肌で覚えている。

江戸時代の先祖たちは、子孫のわれわれの一〇〇分の一以下のエネルギー消費で生きていた。エネルギーといっても、ほとんど全部がごく近年の太陽エネルギーだけだったから、実質的なエネルギー消費がゼロに近い状態で、あれだけ高度の文化水準を維持していたことになる。

なぜそんなことができたのか、かねてから不思議に思っていたが、今度の体験を通じて、充分な生活技術を身につけて手間をかければ少ないエネルギーで生きられる、つまり豊富な生活知識と経験は、エネルギーの代わりになることが、よくわかった。

『大江戸生活体験事情』のもとになる連載を書き始めた当時は、うまくいけば生活知識の量が、エネルギー消費量を減らすためにどの程度役立っていたかを具体的に明らかにできるのではないかと期待していた。できれば、ビット数に換算した情報量としての生活知識量が、どの程度のエネルギー量（カロリーあるいはジュール）に相当するか知りたいと思ったが、知識の量を数値化することがむずかしいため、残念ながら、今になっても正確な数値を示すことはできない。

しかし、石川は、江戸時代の先祖のように洗練された手間と手入れにもとづいた生活技術があれば、その量の逆数のエネルギーで生活できるのではないかと推定している。具体的にいえば、二倍の手間と手入れによって維持する生活は、ほぼ二分の一のエネルギー、一〇〇倍ならほぼ一〇〇分の一のエネルギーしか消費しないということだ。

もちろん、そうやって維持できる低エネルギー文化の性質は、エネルギー多消費型の文化とはまったく異質だ。しかし、明治維新以来、欧米への劣等感とあこがれを込めていい続けてきたように、エネルギー消費が少ない文明の方が、旧弊で野蛮で遅れた文化だという発想が間違っていることは、次第に明らかになりつつある。すでに見えかけてきたように、二十世紀が終わろうとしている今、われわれは、膨大なエネルギーを使った〈進歩的生活〉の後始末をさまざまな形で強く迫られ、どう対応していいかわからず呆然としかけているところだからである。

最後に

私たちは、きわめてあわただしい現代生活を送っているため、残念ながらたっぷり時間をかけねばならない試みはできなかった。「歩く」こと一つとってみても、旧東海道の一部を歩いてみるどころか、江戸の下町に相当する範囲を歩くことさえできなかった。乗物を使わずにひたすら歩くだけでも見えるものが違うはずだが、時間がないばかりか、車の間をすり抜けるようにしてアスファルト道路を歩くことで、いったい何が見えるのかという懸念《けねん》もあり、結局は体験するに到らなかった。

また、江戸時代の農民の実際の低エネルギー生活、山に薪を採りに行き、その薪に火をつけて毎日二、三回は飯を炊き湯を沸かし、洗濯板でごしごしと洗濯し、野菜や米を自分で作り、魚や卵は貴重品でめったに食べることはなく、綿や麻を自分で紡いで糸を作り、さらに木の皮を煮た汁で何度も染め、織機にかけて織り、砧《きぬた》で叩いて着物を仕立てながら子供を育て、老人の面倒をみるような生活を本当に理解するためには、一時的な試みではなく、一生の間、毎日そうやって生きなくてはなるまい。

本当はこういう生活を知らなければ、その合間に訪れる祭りの興奮、旅の楽しみ、読書や知識を得る喜びもわからないと思う。夜に輝く月の明るさ、長い闇が明ける夜明けの美しさ、冬が終わって春が来る嬉しさは、こういう生活の中でこそ、しみじみとわかるのであり、そうでなければ、不定時法の時計を使おうが旧暦カレンダーを見ようが、十五夜や明六ツ、立春の本当の感覚は、けっしてわからないはずだ。

私たちは、永遠に想像の中に閉じ込めておくしかない江戸時代の大部分の人々の喜びや哀しみを、遠くから見詰めながら、ほんのささやかに、その生活に指を触れてみたにすぎないのである。

（おわり）

挿絵の出典（発行年は初編分　一枚ものは除く。書名、人名、刊行年は原本奥付のまま）

書名	絵師	作・編者	発行（制作）年
絵本江戸紫	石川豊信	浪花禿帚子	明和　二（一七六五）
百人女郎品定	西川祐信		享保　八（一七二三）
機巧図彙		細川半蔵	寛政　八（一七九六）
風俗鏡見山	不明		
修紫田舎源氏	歌川国貞	柳亭種彦	文政一二（一八二九）
教草　女房形気	歌川国貞	山東京山	弘化　三（一八四六）
江戸府内　絵本風俗往来	菊池貴一郎		明治三八（一九〇五）
絵本吾妻の花	北尾重政		明和　五（一七六八）
絵本操節草	鈴木春信		安永　九（一七八〇）
画図百鬼夜行	鳥山石燕		安永　五（一七七六）
北斎漫画	葛飾北斎		文化一一（一八一四）

寛政暦書　渋川景佑　安政六（一八五九）

大和耕作絵抄　石河流宣　元禄頃

紀伊国名所図会　西村中和他　高市志友他　文化九（一八一二）

大和名所図会　竹原春朝斎　秋里籬嶌　寛政三（一七九一）

和漢三才図会　寺島良安　正徳二（一七一二）

今様職人尽百人一首　近藤清春　享保年間

近世商賈尽狂歌合　石塚豊芥子　嘉永五（一八五二）

絵本和歌浦　高木貞武　享保一九（一七三四）

さすの神子　冠楽堂人、練句主人編　正徳二（一七一二）

春色梅児誉美　柳川重信、重山　為永春水　天保三（一八三二）

絵本花葛蘿　鈴木春信　浪花禿帚子　明和元（一七六四）

絵本世都濃登起　北尾重政　一陽井素外　安永四（一七七五）

四時交加　北尾紅翠斎　山東京伝　寛政一〇（一七九八）

絵本家賀御伽　長谷川光信　栗柯亭木端　宝暦二（一七五二）

江戸名所図会	長谷川雪旦	斎藤月岑	天保五（一八三四）
今様櫛𥶡雛形	葛飾北斎		文政五（一八二二）
絵半切かしくの文月	歌川国直	山東京山	文化一一（一八一四）
和国百女	菱川師宣		元禄八（一六九五）
守貞謾稿	喜多川守貞	同上	嘉永六（一八五三）
唐詩選画本			天明八（一七八八）
吉原美人合	鈴木春信		明和七（一七七〇）
和国諸職絵尽	菱川師宣		貞享二（一六八五）
絵本物見岡	関　清長		天明五（一七八五）
役者夏の富士	勝川春章	市場通笑	安永九（一七八〇）
宝船桂帆柱	歌川広重	十返舎一九	文政一〇（一八二七）
浪華の魁		垣貫一右衛門編	明治一五（一八八二）
二十四孝図会	葛飾北斎	南里亭其楽編	文政五（一八二二）

初出誌　「原子力文化」一九九七年一月号〜一九九八年十二月号
単行本　一九九九年三月　小社刊

|著者|石川英輔　1933年京都市生まれ。武蔵野美術大学講師。著書に『大江戸神仙伝』『大江戸仙花暦』『江戸のまかない』『大江戸番付づくし』『数学は嫌いです！』他、田中優子氏との共著に『大江戸ボランティア事情』がある。

|著者|田中優子　1952年横浜市生まれ。法政大学教授。著書に『江戸の想像力』(芸術選奨文部大臣新人賞)『江戸百夢』(芸術選奨文部科学大臣賞、サントリー学芸賞)『浮世絵春画を読む』『江戸はネットワーク』他がある。

大《おお》江《え》戸《ど》生活《せいかつ》体験《たいけん》事《じ》情《じょう》

石川《いしかわ》英輔《えいすけ》|田中《たな》優子《ゆうこ》

講談社文庫

定価はカバーに
表示してあります

2002年3月15日第１刷発行

発行者――野間佐和子

発行所――株式会社 講談社

東京都文京区音羽2-12-21　〒112-8001

電話 出版部 (03) 5395-3510
販売部 (03) 5395-5817
業務部 (03) 5395-3615

デザイン―菊地信義

製版――株式会社廣済堂

印刷――信毎書籍印刷株式会社

製本――株式会社千曲堂

Printed in Japan

落丁本・乱丁本は小社書籍業務部あてにお送りください。送料は小社負担にてお取替えします。なお、この本の内容についてのお問い合わせは文庫出版部あてにお願いいたします。(庫)

ISBN4-06-273390-0

講談社文庫刊行の辞

二十一世紀の到来を目睫に望みながら、われわれはいま、人類史上かつて例を見ない巨大な転換期をむかえようとしている。

世界も、日本も、激動の予兆に対する期待とおののきを内に蔵して、未知の時代に歩み入ろうとしている。このときにあたり、創業の人野間清治の「ナショナル・エデュケイター」への志を現代に甦らせようと意図して、われわれはここに古今の文芸作品はいうまでもなく、ひろく人文・社会・自然の諸科学から東西の名著を網羅する、新しい綜合文庫の発刊を決意した。

激動の転換期はまた断絶の時代である。われわれは戦後二十五年間の出版文化のありかたへの深い反省をこめて、この断絶の時代にあえて人間的な持続を求めようとする。いたずらに浮薄な商業主義のあだ花を追い求めることなく、長期にわたって良書に生命をあたえようとつとめるところにしか、今後の出版文化の真の繁栄はあり得ないと信じるからである。

同時にわれわれはこの綜合文庫の刊行を通じて、人文・社会・自然の諸科学が、結局人間の学にほかならないことを立証しようと願っている。かつて知識とは、「汝自身を知る」ことにつきていた。現代社会の瑣末な情報の氾濫のなかから、力強い知識の源泉を掘り起し、技術文明のただなかに、生きた人間の姿を復活させること。それこそわれわれの切なる希求である。

われわれは権威に盲従せず、俗流に媚びることなく、渾然一体となって日本の「草の根」をかたちづくる若く新しい世代の人々に、心をこめてこの新しい綜合文庫をおくり届けたい。それは知識の泉であるとともに感受性のふるさとであり、もっとも有機的に組織され、社会に開かれた万人のための大学をめざしている。大方の支援と協力を衷心より切望してやまない。

一九七一年七月

野間省一

井上ひさし
樋口陽一　「日本国憲法」を読み直す
井上ひさし
司馬遼太郎　国家・宗教・日本人
生島治郎　星になれるか
池波正太郎　忍びの女(上)(下)
池波正太郎　近藤勇白書
池波正太郎　梅安影法師〈仕掛人・藤枝梅安〉
池波正太郎　梅安冬時雨〈仕掛人・藤枝梅安〉
池波正太郎　まぼろしの城
池波正太郎　私の歳月
池波正太郎　殺しの掟《おきて》
池波正太郎　よい匂いのする一夜
池波正太郎　梅安料理ごよみ
池波正太郎　田園の微風
池波正太郎　新 私の歳月
池波正太郎　抜討ち半九郎
池波正太郎　剣法一羽流
池波正太郎　若き獅子
池波正太郎　池波正太郎の映画日記〈1978・2～1984・12〉
池波正太郎　きままな絵筆

池波正太郎　新装版 緑のオリンピア
池波正太郎　新装版 殺しの四人〈仕掛人・藤枝梅安(一)〉
池波正太郎　新装版 梅安蟻地獄〈仕掛人・藤枝梅安(二)〉
池波正太郎　新装版 梅安最合傘〈仕掛人・藤枝梅安(三)〉
池波正太郎　新装版 梅安針供養〈仕掛人・藤枝梅安(四)〉
池波正太郎　新装版 梅安乱れ雲〈仕掛人・藤枝梅安(五)〉
池波正太郎　新装版 梅安影法師〈仕掛人・藤枝梅安(六)〉
池波正太郎　新装版 梅安冬時雨〈仕掛人・藤枝梅安(七)〉
井上　靖　楊貴妃伝
井上　靖　本覚坊遺文
石川英輔　大江戸神仙伝
石川英輔　大江戸仙境録
石川英輔　大江戸えねるぎー事情
石川英輔　大江戸遊仙記
石川英輔　大江戸テクノロジー事情
石川英輔　SF三国志
石川英輔　大江戸仙界紀
石川英輔　大江戸生活事情
石川英輔　大江戸泉光院旅日記

石川英輔　大江戸リサイクル事情
石川英輔　雑学「大江戸庶民事情」
石川英輔　2050年は江戸時代〈衝撃のシミュレーション〉
石川英輔　大江戸仙女暦
石川英輔
田中優子　大江戸ボランティア事情
石川英輔
田中優子　大江戸生活体験事情
石牟礼道子　苦海浄土〈わが水俣病〉
今西祐行　肥後の石工
いわさきちひろ　ちひろのことば
いわさきちひろ
松本　猛　いわさきちひろの絵と心
いわさきちひろ
松本　猛　ちひろへの手紙
いわさきちひろ
絵本美術館編　ちひろ・子どもの情景〈文庫ギャラリー〉
いわさきちひろ
絵本美術館編　ちひろ・紫のメッセージ〈文庫ギャラリー〉
いわさきちひろ
絵本美術館編　ちひろの花ことば〈文庫ギャラリー〉
いわさきちひろ
絵本美術館編　ちひろのアンデルセン〈文庫ギャラリー〉
いわさきちひろ
絵本美術館編　ちひろ・平和への願い〈文庫ギャラリー〉
石野径一郎　ひめゆりの塔
入江泰吉　大和路のこころ
井沢元彦　猿丸幻視行

講談社文庫 目録

井沢元彦 本廟寺焼亡
井沢元彦 六歌仙暗殺考
井沢元彦 修道士の首〈織田信長推理帳①〉
井沢元彦 五つの首〈織田信長推理帳②〉
井沢元彦 謀略の首〈織田信長推理帳③〉
井沢元彦 ダビデの星の暗号
井沢元彦 義経幻殺録
井沢元彦 欲の無い犯罪者
井沢元彦 義経はここにいる
井沢元彦 芭蕉魔星陣
井沢元彦 光と影の武蔵〈切支丹秘録〉
色川武大 明日泣く
一ノ瀬泰造 地雷を踏んだらサヨウナラ
石森章太郎 トキワ荘の青春〈ぼくの漫画修行時代〉
伊藤雅俊 商いの心くばり
泉麻人 丸の内アフター5
泉麻人 オフィス街の達人
泉麻人 地下鉄の友
泉麻人 地下鉄の素
泉麻人 地下鉄の穴
泉麻人（オカシ屋ケン太） おやつストーリー
泉麻人 バナナの親子
泉麻人 東京タワーの見える島
泉麻人 大東京バス案内《ガイド》
伊集院静 三年坂
伊集院静 乳房
伊集院静 遠い昨日
伊集院静 夢は枯野を〈競輪躁鬱旅行〉
伊集院静 峠の声
伊集院静 白秋
伊集院静 潮流
伊集院静 機関車先生
伊集院静 冬の蜻蛉《とんぼ》
伊集院静 オルゴール
伊集院静 昨日スケッチ
今邑彩 金雀枝《えにしだ》荘の殺人
岩崎正吾 信長殺すべし〈異説本能寺〉
井上夢人 おかしな二人〈岡嶋二人盛衰記〉
家田荘子 バブルと寝た女たち
家田荘子 離婚
家田荘子 愛人〈ピュアで危険な愛を選んだ女たち〉
家田荘子 恋愛白書〈モテる男のコたちの性〉
家田荘子 人妻
家田荘子 イエローキャブ
家田荘子 リスキー ラブ
井上雅彦 竹馬男の犯罪
池宮彰一郎 高杉晋作(上)(下)
池宮彰一郎 風塵
池部良 風、凪んでまた吹いて
岩橋邦枝 「好色五人女」「堀川波鼓」を旅しよう〈古典を歩く10〉
伊藤結花理 ダンシングダイエット
石坂晴海 やっぱり別れられない〈離婚を選ばなかった夫婦たち〉
石坂晴海 掟やぶりの結婚道〈既婚者にも恋愛を！〉
井上祐美子 桃夭記
井上祐美子 紅顔
井上祐美子 公主帰還
岩上安身 あらかじめ裏切られた革命

2002年3月15日現在